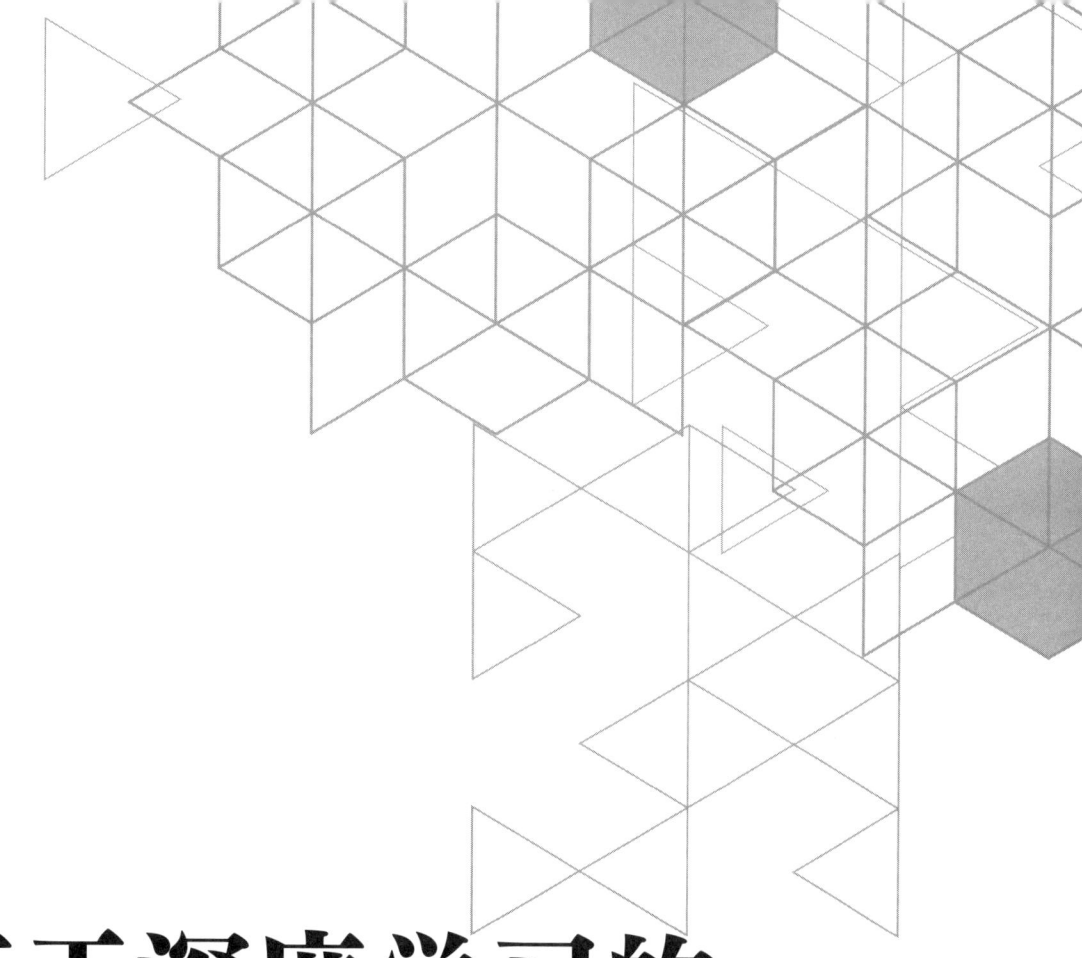

基于深度学习的
高中生物学单元学历案设计

（必修1　分子与细胞）

李金香／主编

四川大学出版社

图书在版编目（CIP）数据

基于深度学习的高中生物学单元学历案设计. 必修1 分子与细胞 / 李金香主编. -- 成都：四川大学出版社，2024. 10. -- ISBN 978-7-5690-7394-2

Ⅰ. G634.913

中国国家版本馆CIP数据核字第2024PM7413号

书　　名：	基于深度学习的高中生物学单元学历案设计（必修1　分子与细胞） Jiyu Shengdu Xuexi de Gaozhong Shengwuxue Danyuan Xueli'an Sheji （Bixiu 1 Fenzi yu Xibao）
主　　编：	李金香
选题策划：	胡晓燕
责任编辑：	胡晓燕
责任校对：	蒋　玙
装帧设计：	墨创文化
责任印制：	李金兰
出版发行：	四川大学出版社有限责任公司 地址：成都市一环路南一段24号（610065） 电话：(028) 85408311（发行部）、85400276（总编室） 电子邮箱：scupress@vip.163.com 网址：https://press.scu.edu.cn
印前制作：	四川胜翔数码印务设计有限公司
印刷装订：	四川省平轩印务有限公司
成品尺寸：	185mm×260mm
印　　张：	11
字　　数：	258千字
版　　次：	2024年11月 第1版
印　　次：	2024年11月 第1次印刷
定　　价：	58.00元

本社图书如有印装质量问题，请联系发行部调换

版权所有 ◆ 侵权必究

编委会

主　编　李金香
副主编　胡华云　龙显莉
编　委　胡媛媛　赵焱坤　郑达钊　马玉华　姜祥路　张隆清
　　　　　　黄观友　张起翼　胡开平　胡云繁　郑自强　肖慈刚
　　　　　　唐　俊　王志强　龙朝辉　柴　淳　向　连　杨铭权

前 言

　　如果导学案是指引学生学习过程的"路线图",学历案则是实现"教—学—评"一体化的精准助学方案,也是跟踪学生何以学会的"认知蓝图"。

——编者的话

　　这是一本便捷、高效的《普通高中教科书　生物学　必修1　分子与细胞》的教学辅助用书,可供师生在高一上期的课堂教学中直接使用。

　　著名教育家叶圣陶先生说:"教学有法,教无定法,贵在得法。"在以发展核心素养为导向的新时代课程改革的当下,如何克服传统教学中"一课一学"带来的知识碎片化、核心素养培养措施零散、不成系统等问题,致力于开展学生结构化学习、深度学习的"课堂改革",是我们苦心追求和潜心研究的方向。

　　基于韦特海默的格式塔学习理论,编者团队开展了单元教学设计研究。再结合皮亚杰的建构主义理论、布卢姆教育目标分类学中的"目标与评价一致性"理论、崔允漷教授倡导的"教—学—评"一体化课堂模式,编者团队尝试以学历案为载体引领单元教学,进而形成单元教学与学历案的结合体——单元学历案。本书便是以《普通高中教科书　生物学　必修1　分子与细胞》为案例设计的单元学历案。书中内容经过编者团队的精心设计、课堂实践,经历了修正、实践、再修正的过程,以求达到理想的教学效果。尤其是以单元教学思路促进学生结构化学习并系统性发展学科核心素养,以单元学历案引领学生结构化学习、深度学习及概念学习进阶,大大降低了教师组织单元教学的难度。因此,本书作为单元教学的"帮手",对教师的"教"和学生的"学"都具有学科方法和思想上的引领作用。

　　本书中单元学历案的编写思路,依托了《普通高中生物学课程标准(2017版 2020年修订)》中核心素养为宗旨、内容聚焦大概念、教学过程重实践、学业评价促发展的基本理念,即首先对单元素养发展目标和学习活动进行系统性规划和设计,再将其落实到跟踪学生学习体验过程的方案(学历案)中,最后形成单元教学活动蓝图。这样的设计,既能助力课堂实施宏观性强、课程资源整合度高的单元教学活动,又能让教师对学生的学习过程进行跟踪、评价和调控,使单元教学过程行云流水。以上单元学历案的设计,蕴含了学科体系建构、真实情景应用和广博的核心素养发展视野,是编者团队多年课堂实践积淀的教育智慧结晶。

　　本书呈现了《普通高中教科书　生物学　必修1　分子与细胞》三个主题单元的学历案。每个主题单元学历案包括单元总览学历案、分课时学历案两部分。单元总览学历

案可帮助师生明确单元目标和单元学习任务，预览需要解决的单元问题及其分解、小单元划分及单元学习思路，初步建立单元梗概。分课时学历案则以小单元为顺序，逐一呈现各分课时学历案。在每个分课时学历案中，都贯穿"教—学—评"一体化课堂模式。其中最突出的一点就是对课堂学习评价的设计，评价载体由评价任务、学习评价框、课后检测、小单元检测、单元检测构成，形成了对学生学习评价的进阶；课后检测、小单元检测、单元检测构成了系列检测题，呈现出对知识应用的螺旋式上升。同时，在每个小单元、主题单元的最后，都设计了小单元问题解决、主题单元问题解决的题目，让学生回到问题开始的地方，有效培养学生解决问题的意识。因此，本书的设计是从"助教案"走向"助学案"。

对本书的使用建议：教师可用来代替导学案，辅助《普通高中教科书　生物学　必修1　分子与细胞》的课堂教学。编者团队认为，利用三个主题单元规划来组织全书教学，可以引领学生按照如下思路进行单元学习：从真实情景及其中的实践问题出发，主动建构生物学概念，搭建单元知识体系，形成生命观念，最终学会用生物学原理解决实践问题。

需要说明的是，书中对主题单元教学的设计没有实行跨模块的大整合，这是因为我们所做的主题单元学历案设计是基于教师的教学进度必须与各级教科院或研培中心对学校实行期中、期末测试指导及成绩考评相吻合，使其能在满足上级测试考评的基础上用于日常课堂教学。

教师做教学设计就是和自己较劲，不断创新，反复斟酌，不断战胜自我的过程。限于编者团队的教育理论素养、文字功底，书中错漏在所难免，敬请读者批评指正！

编　者

2024年7月8日于成都

目 录

第一主题单元学历案 (1)
  Ⅰ．**单元总览学历案** (1)
  Ⅱ．**分课时学历案** (4)
    小单元1　从细胞的视角看生命世界（分课时1~3） (4)
      分课时1　细胞是生命活动的基本单位 (4)
      分课时2　细胞的多样性和统一性（一） (8)
      分课时3　细胞的多样性和统一性（二） (11)
    小单元2　细胞由多种生命物质组成（分课时4~9） (16)
      分课时4　细胞中的元素和化合物 (16)
      分课时5　细胞中的无机物 (21)
      分课时6　细胞中的糖类和脂质 (24)
      分课时7、8　蛋白质是生命活动的主要承担者 (28)
      分课时9　核酸是遗传信息的携带者 (35)
    小单元3　细胞是生物体结构和功能的基本单位（分课时10~14） (40)
      分课时10、11　细胞膜的结构和功能 (40)
      分课时12、13　细胞器之间的分工合作 (44)
      分课时14　细胞核的结构和功能 (51)

第二主题单元学历案 (56)
  Ⅰ．**单元总览学历案** (56)
  Ⅱ．**分课时学历案** (59)
    小单元1　细胞是时刻与环境进行物质交换的开放系统（分课时1~3）
       (59)
      分课时1　被动运输（一）：细胞的渗透吸水和失水 (59)
      分课时2　被动运输（二）：自由扩散和协助扩散 (64)
      分课时3　主动运输与胞吞、胞吐 (67)
    小单元2　细胞代谢的快速有序依赖于生物催化剂和能量"货币"
      （分课时4~7） (72)
      分课时4　酶的作用和本质 (72)

1

　　　　分课时 5、6　酶的特性及酶活性的影响因素 ……………………………（ 77 ）
　　　　分课时 7　细胞的能量"货币"——ATP ………………………………（ 83 ）
　　小单元 3　细胞呼吸和光合作用是细胞最基本的物质代谢和能量代谢
　　　　（分课时 8~13）……………………………………………………………（ 87 ）
　　　　分课时 8　细胞呼吸（一）：探究酵母菌细胞呼吸的方式 …………（ 87 ）
　　　　分课时 9　细胞呼吸（二）：细胞呼吸的原理及应用 ………………（ 91 ）
　　　　分课时 10、11　光合作用与能量转化（一）：捕获光能的色素和
　　　　　　叶绿体的结构 …………………………………………………………（ 97 ）
　　　　分课时 12　光合作用与能量转化（二）：光合作用的原理 ………（101）
　　　　分课时 13　光合作用与能量转化（三）：光合作用的应用 ………（106）

第三主题单元学历案 …………………………………………………………（111）
　Ⅰ.单元总览学历案 ……………………………………………………………（111）
　Ⅱ.分课时学历案 ………………………………………………………………（114）
　　　　分课时 1、2　细胞的增殖 ……………………………………………（114）
　　　　分课时 3　细胞的分化 …………………………………………………（123）
　　　　分课时 4　细胞的衰老和死亡 …………………………………………（128）

参考文献 …………………………………………………………………………（133）

参考答案 …………………………………………………………………………（134）

第一主题单元学历案

单元主题： 细胞是基本的生命系统。
生命观念： 生命的系统观、结构与功能观。
课标要求： 大概念1. 细胞是生物体结构与生命活动的基本单位。
参考教材： 人教社2019年版《普通高中教科书　生物学　必修1　分子与细胞》。
设计者： 胡媛媛、胡华云。

Ⅰ. 单元总览学历案

1. 问题挑战

单元情景： 糖尿病是一种以高血糖为特征的代谢性疾病。其中Ⅰ型糖尿病是由于胰岛素分泌不足引起的。目前，"靶向治疗"为该病提供了一种新的治疗思路，即用相应的材料将"靶向药物"包裹后运送至胰岛B细胞，唤醒胰岛B细胞，增强其分泌胰岛素的功能。

单元问题： 在治疗糖尿病的靶向药物的作用下，胰岛B细胞如何产生和分泌胰岛素？

2. 问题分解与小单元规划

单元问题	问题分解——小单元问题	小单元	学习内容	课时数
在治疗糖尿病的靶向药物的作用下，胰岛B细胞如何产生和分泌胰岛素？	胰岛B细胞在生命系统中所属的结构层次是什么？人体细胞与细菌细胞有什么异同？	小单元1：从细胞的视角看生命世界	细胞是生命活动的基本单位	1
			细胞的多样性和统一性	2
	胰岛B细胞主要由什么物质组成？	小单元2：细胞由多种生命物质组成	细胞中的元素和化合物	1
			细胞中的无机物	1
			细胞中的糖类和脂质	1
			蛋白质是生命活动的主要承担者	2
			核酸是遗传信息的携带者	1
	胰岛B细胞接受靶向治疗药物后，如何产生和分泌胰岛素？	小单元3：细胞是生物体结构和功能的基本单位	细胞膜的结构和功能	2
			细胞器之间的分工合作	2
			细胞核的结构和功能	1

3. 单元目标

核心素养

- **生命观念**：从自然界生命系统的体系、细胞各部分在结构和功能上密切联系的角度，建立生命的系统观，尝试从系统的视角认识自然和社会；通过对细胞的分子组成的学习，阐明细胞的组成物质来自无机自然界但又有其特殊性，形成生命的物质观；在学习细胞的基本结构及其功能的过程中，渗透结构与功能观。

- **科学思维**：分析和比较多种生命物质、细胞的不同结构及其功能，培养归纳与概括的能力；分析科学家研究细胞的重要结构与功能的科学史，培养运用事实证据进行逻辑推理得出结论的科学思维；运用物理模型阐明细胞及细胞膜结构的内涵，培养模型与建模的思维。

- **科学探究**：在检测细胞中的重要生命物质、观察细胞的结构和生命活动的实验操作过程中，训练高倍显微镜的使用等操作技能；通过学习研究细胞的结构和功能的科学史中使用的同位素标记等科学方法，认同科学方法在科学研究中的重要作用，培养科学探究能力和乐于探索的精神。

- **社会责任**：运用细胞中各种生命物质的功能特点分析营养物质的摄入量与人体健康的关系，养成健康的饮食习惯；运用细胞的成分和结构的知识解释手术缝合线、人工膜等生物材料在疾病治疗中的作用，关注DNA指纹技术等在社会生活中的应用；利用废旧物品制作细胞的结构模型，培养环保意识。

4. 学情分析

前备知识：在初中阶段学生已经认识了细胞的显微结构、学会了低倍显微镜的操作方法、了解了人体所需的主要营养物质，这为进一步学习细胞的亚显微结构奠定了基础。

新知挑战：在学习氨基酸、核苷酸等有机化学知识时有一定的困难，在理解脱水缩合、对物质的同位素追踪、分子流动、细胞器分工合作时可能会感到抽象。

5. 学习支招

课前，认真浏览"单元总览学历案"，纵观单元整体学习任务。课中，利用学历案中"探究任务—问题解决—评价结果"的学习思路，帮助学生完成概念构建、思维训练、学习评价（以便查漏补缺）。针对陌生的化学知识，教师会引入必要的补充，帮助学生增加对有机化学的一些感性认识。在单元教学结束后，再结合单元检测题（单元评价，参见本书所附电子资源）帮助学生巩固知识，学会知识迁移和解决实际问题。

6. 单元概览

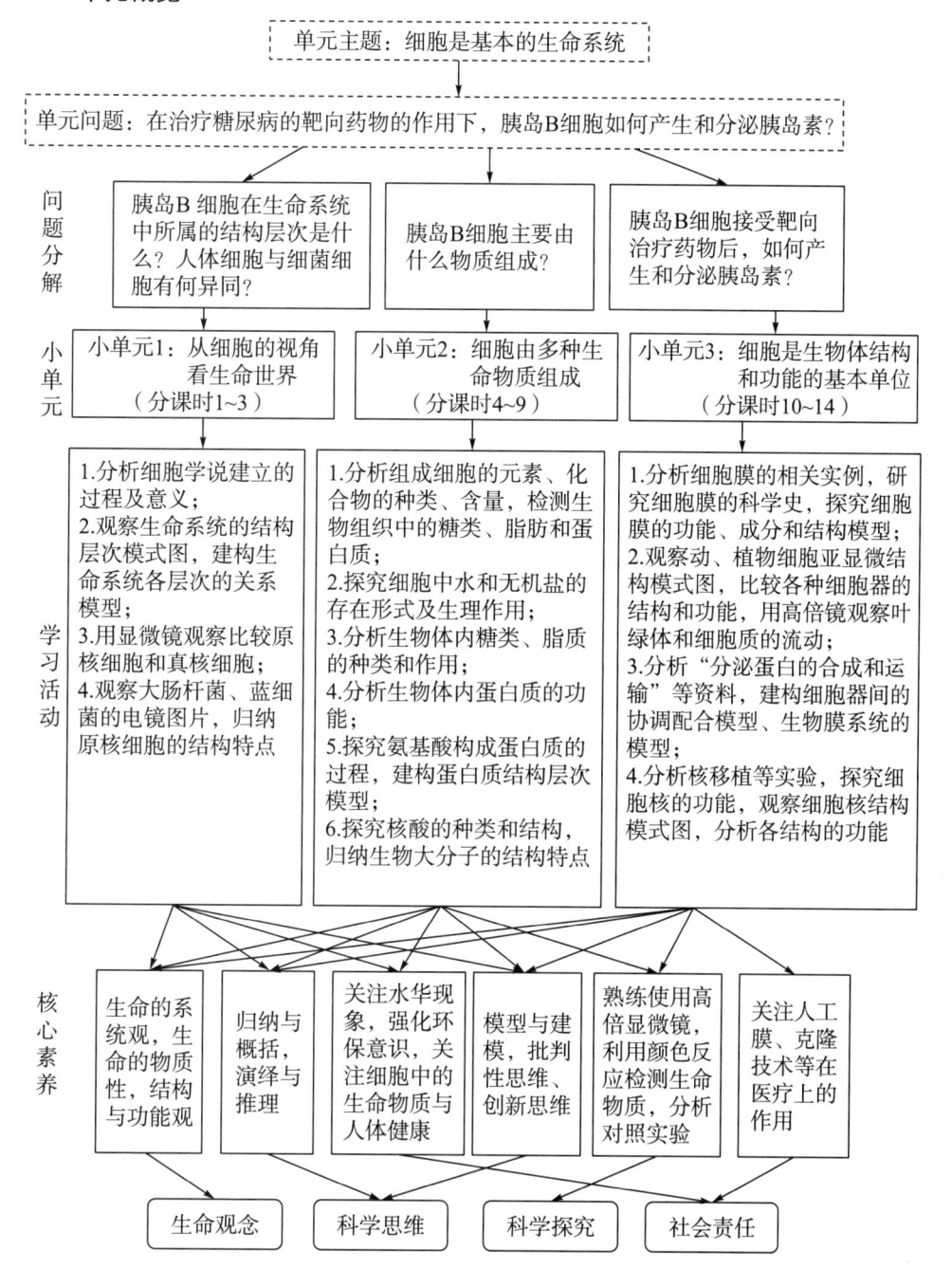

单元主题：细胞是基本的生命系统

单元问题：在治疗糖尿病的靶向药物的作用下，胰岛B细胞如何产生和分泌胰岛素？

问题分解

- 胰岛B细胞在生命系统中所属的结构层次是什么？人体细胞与细菌细胞有何异同？
- 胰岛B细胞主要由什么物质组成？
- 胰岛B细胞接受靶向治疗药物后，如何产生和分泌胰岛素？

小单元

- 小单元1：从细胞的视角看生命世界（分课时1~3）
- 小单元2：细胞由多种生命物质组成（分课时4~9）
- 小单元3：细胞是生物体结构和功能的基本单位（分课时10~14）

学习活动

小单元1：
1. 分析细胞学说建立的过程及意义；
2. 观察生命系统的结构层次模式图，建构生命系统各层次的关系模型；
3. 用显微镜观察比较原核细胞和真核细胞；
4. 观察大肠杆菌、蓝细菌的电镜图片，归纳原核细胞的结构特点

小单元2：
1. 分析组成细胞的元素、化合物的种类、含量，检测生物组织中的糖类、脂肪和蛋白质；
2. 探究细胞中水和无机盐的存在形式及生理作用；
3. 分析生物体内糖类、脂质的种类和作用；
4. 分析生物体内蛋白质的功能；
5. 探究氨基酸构成蛋白质的过程，建构蛋白质结构层次模型；
6. 探究核酸的种类和结构，归纳生物大分子的结构特点

小单元3：
1. 分析细胞膜的相关实例，研究细胞膜的科学史，探究细胞膜的功能、成分和结构模型；
2. 观察动、植物细胞亚显微结构模式图，比较各种细胞器的结构和功能，用高倍镜观察叶绿体和细胞质的流动；
3. 分析"分泌蛋白的合成和运输"等资料，建构细胞器间的协调配合模型、生物膜系统的模型；
4. 分析核移植等实验，探究细胞核的功能，观察细胞核结构模式图，分析各结构的功能

核心素养

- 生命的系统观，生命的物质性，结构与功能观
- 归纳与概括，演绎与推理
- 关注水华现象，强化环保意识，关注细胞中的生命物质与人体健康
- 模型与建模，批判性思维、创新思维
- 熟练使用高倍显微镜，利用颜色反应检测生命物质，分析对照实验
- 关注人工膜、克隆技术等在医疗上的作用

↓

生命观念 | 科学思维 | 科学探究 | 社会责任

Ⅱ. 分课时学历案

小单元 1 从细胞的视角看生命世界（分课时 1~3）

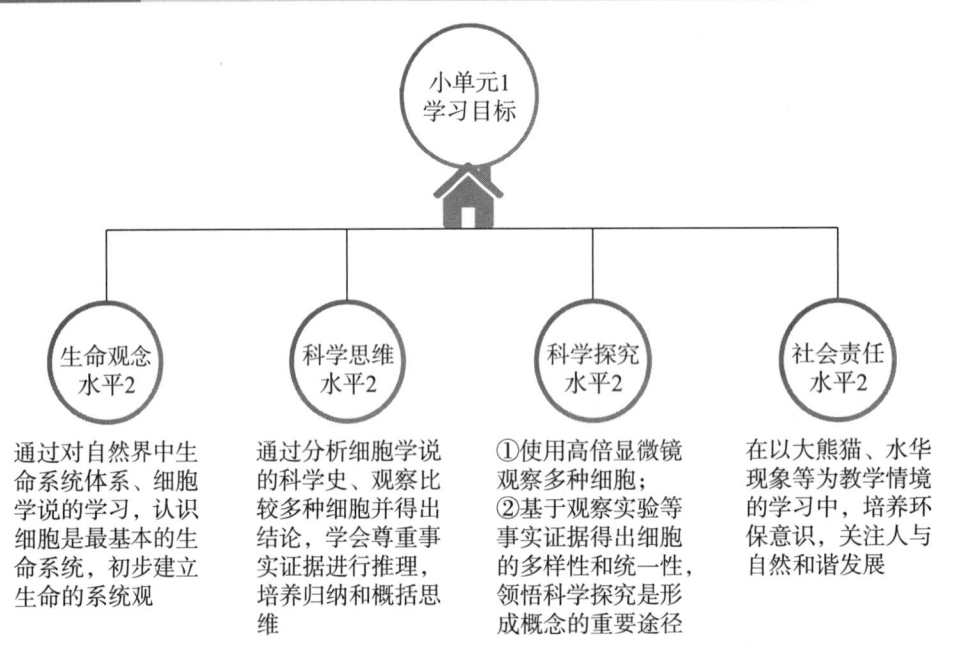

```
                    小单元1
                    学习目标

   生命观念        科学思维        科学探究        社会责任
   水平2           水平2           水平2           水平2

 通过对自然界中生  通过分析细胞学说  ①使用高倍显微镜  在以大熊猫、水华
 命系统体系、细胞  的科学史、观察比  观察多种细胞；    现象等为教学情境
 学说的学习，认识  较多种细胞并得出  ②基于观察实验等  的学习中，培养环
 细胞是最基本的生  结论，学会尊重事  事实证据得出细胞  保意识，关注人与
 命系统，初步建立  实证据进行推理，  的多样性和统一性，自然和谐发展
 生命的系统观      培养归纳和概括思  领悟科学探究是形
                   维              成概念的重要途径
```

注：图中"生命观念水平 2、科学思维水平 2、科学探究水平 2、社会责任水平 2"等级标准参照《普通高中生物学课程标准（2017 版 2020 年修订）》第 74 页"附录 1 学科核心素养水平划分"。后文同。

分课时 1 细胞是生命活动的基本单位

一、课时目标

1. 从分析细胞学说建立的过程中，归纳出植物和动物在结构上具有一致性，形成"生物界具有统一性"的观念，认同细胞学说的建立是一个不断修正和发展的过程。

2. 说出生命系统的结构层次，举例说出细胞是基本的生命系统。

3. 通过分析细胞学说建立的过程，说出科学发现的基本特点，举例说出归纳法在科学研究中的作用。

二、评价任务

1. 阅读、分析，完成任务一中讨论 1~讨论 4、练习 1。（检测课时目标 1 和课时目标 3）

2. 阅读、分析资料，完成任务二中思考 2-1~思考 2-4、练习 2。（检测课时目标 2）

三、学习经历

任务一：阐明细胞学说的内容及其意义。（指向课时目标1和课时目标3）

活动1. 阅读教材第3页"分析细胞学说建立的过程"，分析以下细胞学说建立过程图，完成讨论题。

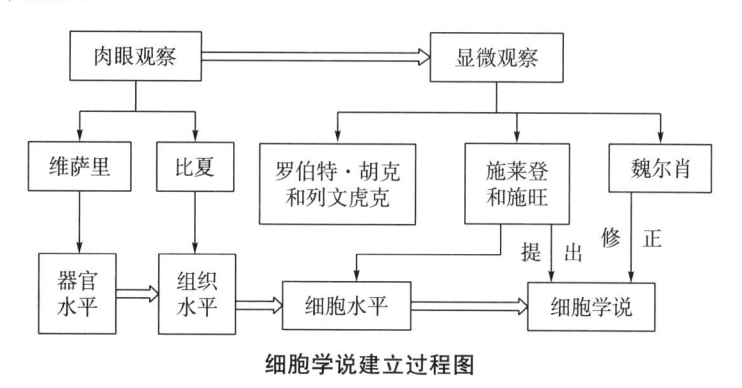

细胞学说建立过程图

讨论（同教材第4页"讨论"1～4题）：

1. 细胞学说主要阐明了细胞的多样性还是生物界的统一性？

2. 科学家是如何获得证据来说明动、植物体由细胞构成这一结论的？

3. 施莱登和施旺只是观察了部分动、植物的组织，却归纳出"所有的动植物都是由细胞构成的"。这一结论可信吗？为什么？

4. 根据细胞学说建立的过程，说一说科学发现的基本特点，举例说出归纳法在科学研究中的作用。

练习1. 细胞学说的建立是一个经科学家探究、开拓、继承、修正和发展的过程，是现代生物学的基础理论之一。下列叙述正确的是（　　）

A. 施莱登和施旺运用不完全归纳法提出了"所有的动植物都是由细胞构成的"这一观点

B. 细胞学说主要揭示了生物界的统一性和细胞的多样性

C. 细胞学说使人们对生命的认识由细胞水平进入分子水平

D. 新细胞由衰老细胞分裂产生，暗示着人体每个细胞都凝聚着漫长的进化史

任务二：探究生命系统的结构层次及其关系。（指向课时目标2）

活动2. 阅读、观察教材第6～7页"图1-3　生命系统的结构层次模式图"，建构生命系统的结构层次。

思考2-1：阅读、观察教材第6页图1-3中的内容，写出由细胞到植物个体（冷箭竹）和动物个体（大熊猫）的结构层次。动、植物生命系统的结构层次有何不同？

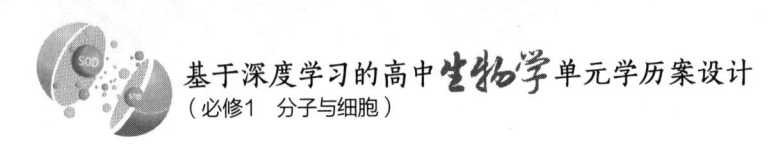

思考 2-2：阅读、观察教材上第 7 页图 1-3 中的内容，写出从个体到生物圈的结构层次。

思考 2-3：单细胞生物如草履虫与动、植物生命系统的层次有何异同？

活动 3. 建构生命系统结构层次间的关系模型

情景：卡塔尔世界杯期间，来自中国大熊猫保护研究中心雅安基地的两只大熊猫"京京"和"四海"成了卡塔尔球迷关注的焦点。大熊猫喜食竹子，尤喜嫩茎、竹笋。但由于现代工业生产会排出大量的 CO_2，出现了温室效应，造成气候变暖和极端天气事件，竹子大面积开花枯死而影响到大熊猫的生存。

思考 2-4：请从植物体的细胞、组织、器官、个体、种群以及其构成的群落、生态系统等各生命系统层次逐级解释光合作用在缓解全球气候变暖中的作用。

练习 2. "野池水满连秋堤，菱花结实蒲叶齐。川口雨晴风复止，蜻蜓上下鱼东西。"以下与此相关的描述错误的是（　　）
 A. "野池"是由无机环境及生物群落组成的生态系统
 B. "野池"里所有的植物组成了一个种群
 C. "蜻蜓"与"蒲"具有的生命系统结构层次不完全相同
 D. "野池"中最基本的生命系统是细胞

学习评价

评价标准：
 A^+ 级——积极思考、讨论，能准确回答上述问题，归纳出"生物界具有统一性"，正确理解生命系统各层次间的关系。
 A 级——较积极地思考、讨论，能在教师引导下回答问题，归纳"生物界具有统一性"和理解生命系统各层次间的关系。
 B 级——思考、讨论不够积极，对生命系统各层次间的关系梳理不清，运用归纳法、回答部分问题有困难。
 自我评价等级：（　　）　教师评价：_____。

课后检测

A 组题（概念检测）

1. 细胞学说的建立经过了漫长而曲折的过程，多位科学家通过观察法、归纳法等总结出细胞学说这一重要生物学理论，而且该学说还在不断地修正和完善。下列有关说法错误的是（　　）
 A. 细胞学说的内容之一是一切动、植物都由细胞发育而来，并由细胞和细胞产物构成

B. 细胞学说使千变万化的生物界通过细胞这一共同的结构统一起来

C. 德国科学家魏尔肖提出的"细胞通过分裂产生新细胞"对细胞学说进行了完善

D. 细胞学说使人们对生命的认识由细胞水平进入分子水平

2. 下列对生命系统的认识正确的是（ ）

   A. 生物体中由功能相关的器官"联合"组成的"系统"层次，是每种生物个体都具有的

   B. 猴痘病毒能够独立完成生命活动，也算作系统，也属于生命系统的层次

   C. 生态系统是生命系统的一个层次，它代表一定的自然区域内相互间有直接或间接联系的所有生物

   D. 生命系统的每个层次都能完成一定的生命活动，能完整地表现出生命活动的最小生命系统是细胞

3. 生命系统的结构层次如下图所示，请据图回答：

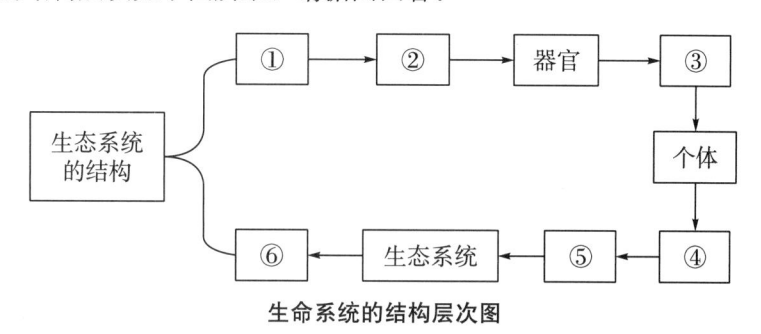

生命系统的结构层次图

(1) 写出图中各数字表示的生命系统的结构层次的名称：
   ①_____；②_____；③_____；④_____；⑤_____；⑥_____。

(2) 某座山上植物茂盛，生存着豹、麻雀等飞禽走兽。此外，溪流中还有鱼、虾，土壤中有各种细菌和真菌。从生命系统的结构层次去分析并回答下列问题。最基本的生命系统结构层次是_____。从生命系统层次来看，该山上的所有金钱豹构成_____。一个大肠杆菌既属于细胞层次，又属于_____层次。

B 组题（应用检测）

4. 根据资料 1、2 回答下列问题：

   资料 1：山西省介休市绵山深处植被茂盛，生存着豹、山猪、丹顶鹤等飞禽走兽，此外，山中溪流中还有鱼、虾，土壤中有各种细菌和真菌。

   资料 2：病毒没有细胞结构，必须寄生在其他活细胞中才能进行增殖。冬季流感高发，人们接种流感疫苗后，流感病毒感染受到抑制。

   (1) 最基本的生命系统的结构层次是_____，请在本生命系统内举一个例子_____。

   (2) 在绵山这一区域内，群落是指_____。

   (3) 黄榆是绵山上的主要树种之一，与豹相比，黄榆生命系统的结构层次不具有_____。

(4) 丹顶鹤在繁殖季节繁殖了3只小丹顶鹤，其生长发育以细胞的分裂、分化为基础，其各种生理活动以细胞代谢为基础，这都说明_____是生命活动的基础，生命活动离不开_____。

(5) 病毒是非细胞形态的生命体。病毒与细胞在起源上的关系是人们很感兴趣的问题，目前主要存在两种观点：①生物大分子→病毒→细胞；②生物大分子→细胞→病毒。根据上述资料并结合所学相关知识分析，第_____种观点较为合理，依据是_____。

(6) 细菌细胞壁的主要成分是肽聚糖，青霉素能抑制肽聚糖的合成，从而起到抑制细菌细胞增殖的作用。艾滋病病人_____（填"能"或"不能"）通过注射青霉素抑制病毒的增殖。

分课时2　细胞的多样性和统一性（一）

一、课时目标

1. 分析几种动、植物细胞在结构上的差别，初步认识细胞结构和功能的多样性。
2. 使用高倍显微镜观察几种细胞，掌握高倍镜的使用方法。
3. 通过比较、归纳、抽象和概括，阐明真核细胞有统一的结构模式。

二、评价任务

1. 分析图示，完成任务一中思考1-1~思考1-3。（检测课时目标1）
2. 观察细胞的显微图像，完成任务二中思考2-1~思考2-4及绘图。（检测课时目标2和课时目标3）

三、学习经历

任务一：探究细胞的多样性。（指向课时目标1）
活动1．分析几种动、植物细胞形态图，比较它们的异同。

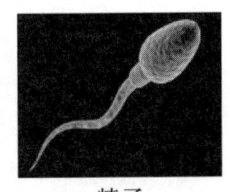

红细胞　　　精子　　　根尖分生区细胞　　叶肉表皮保卫细胞

几种动、植物细胞形态图

思考1-1：仔细观察并结合初中所学知识将以下表格补充完整。

名称	形态特征	细胞壁	细胞膜	细胞质	细胞核
红细胞					

续表

名称	形态特征	细胞壁	细胞膜	细胞质	细胞核
精子					
分生区细胞					
保卫细胞					

思考1-2：通过比较，这些细胞的差异性有哪些？共有的结构有哪些？

思考1-3：以精子为例，说明各种细胞的形态结构与其功能的关系。

任务二：使用高倍显微镜，探究真核细胞的结构模式。（指向课时目标2和课时目标3）

活动2. 练习使用显微镜，归纳高倍显微镜的使用方法。

思考2-1：从低倍镜转向高倍镜，视野亮度如何变化？细胞数量和体积如何变化？

思考2-2：若满意的物像在视野右上方，如何将目标移到视野中央？

思考2-3：使用高倍镜时，如何调节物像的清晰度？

学习评价

评价标准：

A^+级——掌握高倍显微镜的使用方法，物像清晰，能独立归纳出高倍显微镜的使用步骤。

A级——基本掌握高倍显微镜的使用方法，物像较清晰，需要和同学讨论才能归纳出显微镜的使用步骤。

B级——不能熟练操作高倍显微镜，物像不清晰或未找到物像，需要在教师指导下归纳显微镜的使用步骤。

自我评价等级：（　　）　　教师评价：_____。

活动3. 进行实验观察，构建动、植物细胞的结构模型。

实验：制作临时装片，观察洋葱表皮细胞、人体血细胞等的永久装片。选择动、植物细胞图像各一个，据此画出一个动物细胞、一个植物细胞的显微结构图示，标出细胞壁、细胞膜、细胞质、细胞核等结构。

绘图：

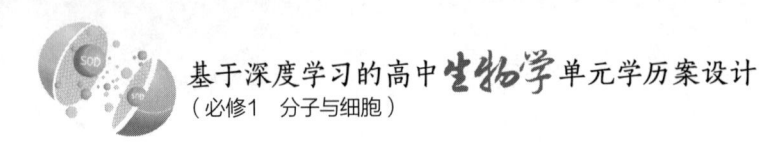

思考 2-4：归纳观察到的真核细胞的共同结构：_____。

学习评价

评价标准：

　　A⁺级——能准确识别观察到的细胞各结构，画图精确、标注规范。

　　A级——通过交流或在教师引导下能准确识别观察到的细胞各结构，画图、标注清楚。

　　B级——不能识别细胞的某些结构，画图、标注不清。

　　自我评价等级：（　　　） 教师评价：_____。

课后检测

A组题（概念检测）

1. 下列有关人体细胞与植物细胞的叙述，错误的是（　　　）
   A. 二者结构上的主要区别是人体细胞较大，有多种复杂的内部结构
   B. 人体细胞不能进行光合作用，植物细胞可以进行光合作用
   C. 人体细胞没有细胞壁，植物细胞有细胞壁
   D. 二者结构上既有差异性也有统一性

2. 下列有关显微镜的叙述，错误的是（　　　）
   ①标本染色较浅，观察时应选用凹面反光镜，并调大通光孔
   ②显微镜的放大倍数是指物像的面积或体积的放大倍数
   ③在转换高倍物镜观察时，需要先调节粗准焦螺旋使镜筒上升，以免镜头破坏标本
   ④显微镜下所成的像是倒立放大的虚像，若在视野中看到细胞质顺时针流动，那实际上细胞质就是顺时针流动
   A. ①④　　　　B. ②③④　　　　C. ①②③　　　　D. ①②③④

3. 实验中用同一显微镜观察了同一装片4次，得到清晰的四个物像如图所示（亮度相同）。下列有关该实验的说法正确的是（　　　）

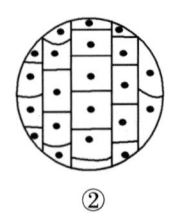

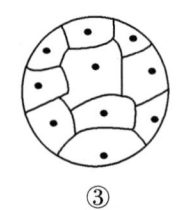

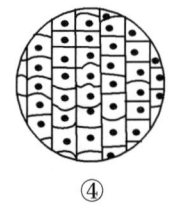

　　①　　　　②　　　　③　　　　④

   A. 低倍镜转为高倍镜后细胞变大，细胞数目变少，视野变亮
   B. 若每次操作都未调节反光镜，看到清晰物像时物镜离装片最远和光圈最大的分别是④③
   C. 实验者若选用目镜15×和物镜40×组合观察，则像的面积是实物的600倍

D. 若视野中有暗有明，则可能是反光镜上有污物

4. 如图所示，甲中①②表示目镜，③④表示物镜，⑤⑥表示物镜与盖玻片之间的距离，乙和丙分别表示不同物镜下观察到的物像。下列分析不正确的是（　　）

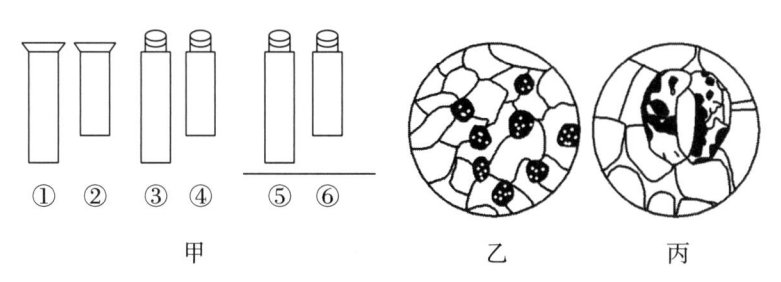

A. 观察物像丙时应选用甲中②③⑤组合
B. 从图中的乙转为丙，正确操作顺序：转动转换器→调节光圈→移动标本→调节细准焦螺旋
C. 若丙是由乙放大 10 倍后的物像，则细胞的面积增大为原来的 100 倍
D. 若丙观察到的细胞是位于乙右上方的细胞，从图中的乙转为丙时，应向右上方移动装片

B 组题（应用检测）

5. 下图①②分别是在低倍镜和高倍镜下观察到的细胞，③④⑤⑥分别是放大倍数不同的目镜或物镜。

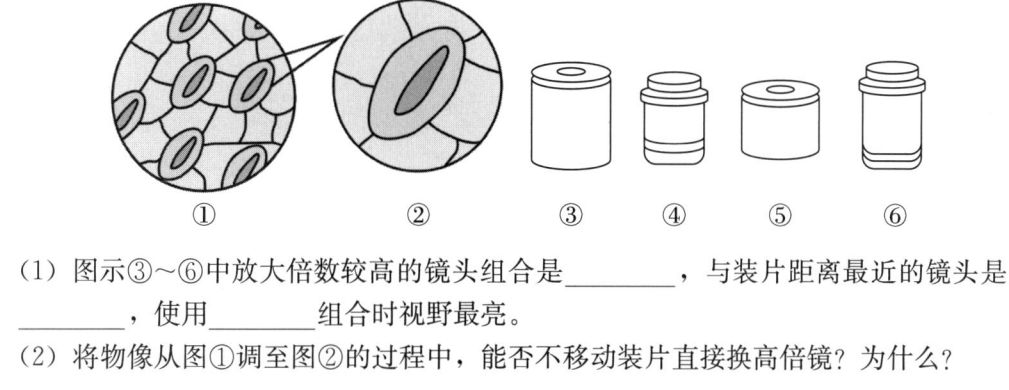

（1）图示③~⑥中放大倍数较高的镜头组合是_____，与装片距离最近的镜头是_____，使用_____组合时视野最亮。

（2）将物像从图①调至图②的过程中，能否不移动装片直接换高倍镜？为什么？
_____

（3）若要将高倍镜下的视野调亮，应该如何操作？_____。

分课时 3　细胞的多样性和统一性（二）

一、课时目标

1. 通过比较原核细胞和真核细胞的结构，说出它们的区别与联系。
2. 完善细胞结构、分类的概念图，阐明细胞的多样性和统一性。

二、评价任务

1. 阅读、比较模式图,完成任务一中思考1-1、思考1-2、思辨。(检测课时目标1)

2. 填图,完善任务二中活动2的概念图。(检测课时目标2)

三、学习经历

任务一:比较真核细胞和原核细胞的结构。(指向课时目标1)

活动1. 阅读教材第10~12页,观察、比较第10页大肠杆菌透射电镜照片、第11页图1-6、第12页支原体结构模式图的异同点,回答问题。

思考1-1:填表归纳大肠杆菌、蓝细菌、支原体结构的异同点。

原核生物	形态	鞭毛	细胞壁	营养方式	共同结构
大肠杆菌					
蓝细菌					
支原体					

思考1-2:根据下列大肠杆菌、蓝细菌、植物细胞的结构模式图,填表比较、归纳原核细胞和真核细胞的异同点。

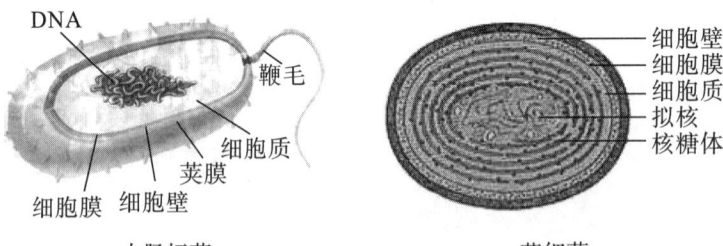

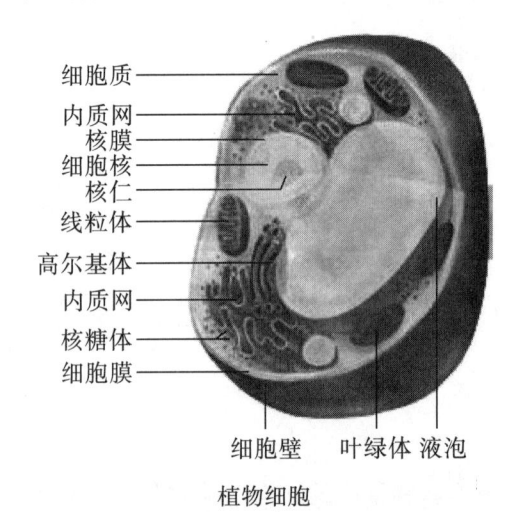

大肠杆菌、蓝细菌、植物细胞结构模式图

比较内容		原核细胞	真核细胞
差异分析	细胞核		
	细胞器		
	遗传物质存在方式		
共同结构			

思辨：

（1）是不是所有的真核细胞都有细胞核？

（2）如何解读"原核细胞"和"真核细胞"中的"原"字和"真"字？

任务二：建构核心概念——细胞具有多样性和统一性。（指向课时目标2）

活动2. 完善下列细胞结构、分类的概念图。将图中番号对应的内容填写在下面对应的横线上，以建构核心概念——细胞具有多样性和统一性。

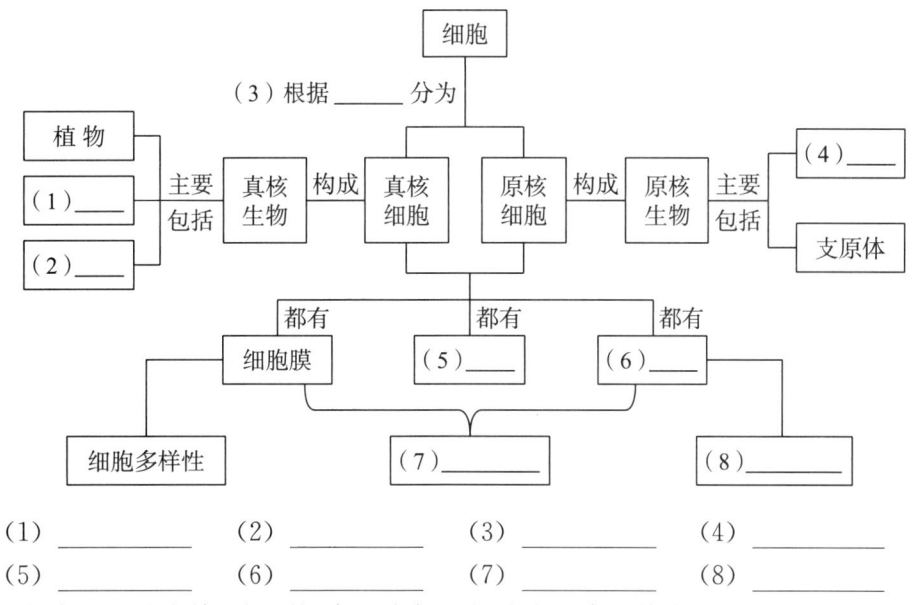

(1) _____ (2) _____ (3) _____ (4) _____
(5) _____ (6) _____ (7) _____ (8) _____

（小单元1）【小单元问题解决】胰岛B细胞在生命系统中所属的结构层次是什么？人体细胞与细菌细胞有什么异同？

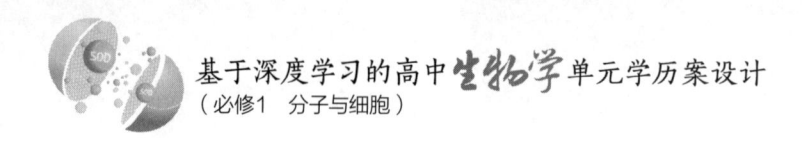

学习评价

评价标准：
  A⁺级——积极思考、比较、辨析，能准确填写表格、完善概念图的全部内容。
  A级——较积极地思考、比较、辨析，需要在教师引导下填写表格、完善概念图。
  B级——思考讨论不够积极，填写表格、概念图中的部分内容感到困难。
  自我评价等级：（   ）   教师评价：_____。

课后检测

A组题（概念检测）

1. 下列关于原核细胞和真核细胞的叙述，正确的是（   ）
   A. 环状DNA分子只存在于原核细胞的拟核中
   B. 染色体是真核细胞特有的结构
   C. 单细胞生物都是原核生物，多细胞生物都是真核生物
   D. 绿色植物和蓝细菌都能进行光合作用，它们最主要的区别是有无叶绿体

2. 如图所示四种生物，相关叙述正确的是（   ）

   水绵   蓝细菌   艾滋病病毒   变形虫
   甲   乙   丙   丁

   A. 甲和乙的主要区别是乙具有细胞壁
   B. 丙和丁的主要区别在于丙具有拟核
   C. 甲和丙的主要区别是甲具有细胞结构
   D. 乙和丁的主要区别在于丁没有核膜

3. 美国研究人员发现了一种罕见细菌，该菌体内有许多集光绿色体，每个集光绿色体含有大量叶绿素。正是这些叶绿素使得该细菌能够在苔藓上同其他生物争夺阳光，维持生存。这种细菌是人们迄今发现的第一种含有集光绿色体的好氧微生物。下列有关该细菌的叙述正确的是（   ）
   A. 该细菌的基本结构包括细胞壁、细胞膜、细胞质和细胞核
   B. 该细菌除核糖体外，还有线粒体、叶绿体等众多细胞器
   C. 由该细菌可知，细菌不一定都是营寄生或营腐生生活的
   D. 该细菌进行光合作用的场所是叶绿体

4. 假如你在研究中发现一种新的单细胞生物并鉴定该生物的类别，则以下哪种特性与你的鉴定有关（   ）

①核膜的有无 ②核糖体的有无 ③细胞壁的有无 ④DNA 的有无
A. ①④ B. ②④
C. ②③ D. ①③

B 组题（应用检测）

5. 细胞是大多数生物体的基本结构和功能单位，而自然界中生物种类繁多，就所学生物学知识回答以下问题：

（1）下列生物中，与新型冠状病毒在结构上有明显区别的是_____（填序号）。

A. HIV B. 大肠杆菌
C. 颤蓝细菌 D. 酵母菌

（2）研究人员对分别取自三种不同生物的部分细胞（甲、乙、丙）进行分析、观察和实验，结果如下表所示（表中"√"表示"有"或"能"，"×"表示"无"或"不能"）。

细胞	核膜	光合作用	核糖体	细胞壁
甲	√	√	√	√
乙	√	×	√	×
丙	×	√	√	√

甲最可能取自_____，乙最可能取自_____，丙最可能取自_____（三空均填字母）。

A. 洋葱 B. 兔子
C. 蘑菇 D. 蓝细菌

（3）图 1、图 2 分别为大肠杆菌的细胞结构和洋葱表皮细胞的结构模式图。

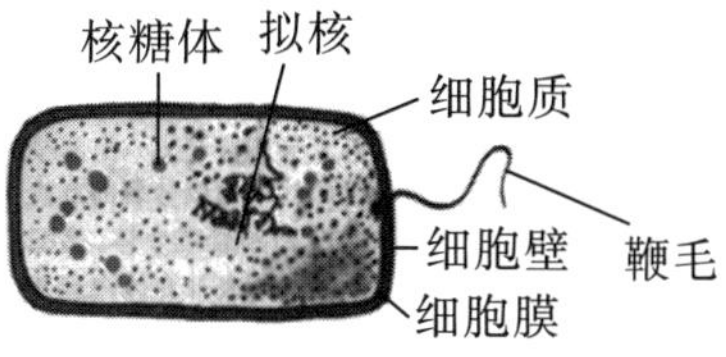

图 1

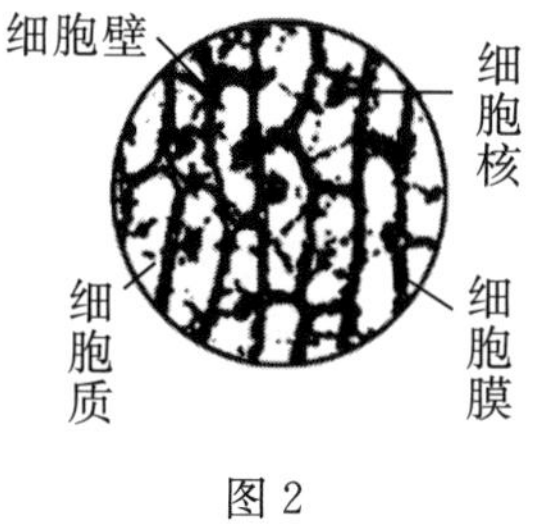

图 2

区分二者的主要依据是_____，这体现了细胞的_____性。

6. 黄河故道横贯曹县东西，全长 74 公里，其西段的万亩荷塘、万亩花海、万亩森林三大美景，被誉为黄河故道休闲旅游的三颗明珠。以下是黄河故道中常见的几种单细胞生物，结合生物学知识回答以下问题：

（1）在生命系统的结构层次中，野鸭湖中生活的所有生物属于_____层次，野鸭湖畔的一棵垂柳属于_____层次。

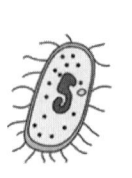

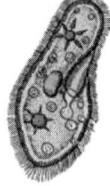

变形虫　　衣藻　　眼虫　　大肠杆菌　　草履虫　　酵母菌

（2）图中属于真核细胞的是_____，此类细胞的 DNA 主要存在于_____中。

（3）图中变形虫和衣藻细胞都有的细胞结构是_____，这体现了细胞的_____。

（4）图中与绿色开花植物细胞的结构最相似的生物是_____。脊髓灰质炎病毒与上述生物相比，最典型的区别是_____。

小单元 2　细胞由多种生命物质组成（分课时 4~9）

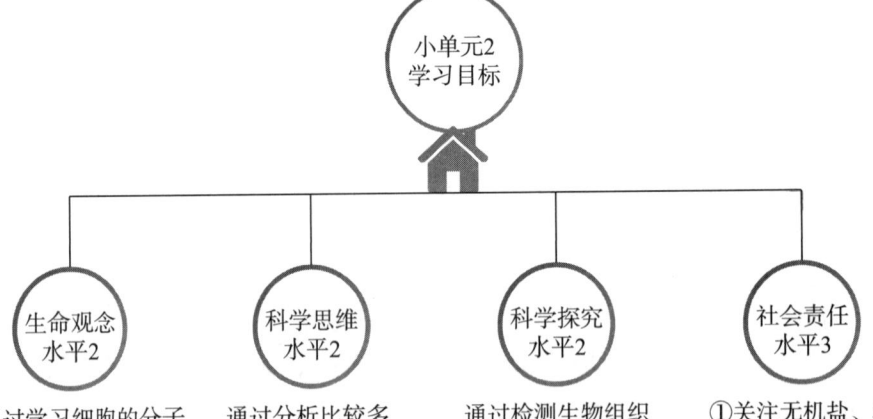

小单元2 学习目标

生命观念 水平2
①通过学习细胞的分子组成，认识生命的物质性和特殊性，建立生命的物质观；
②在学习蛋白质、核酸的分子结构与功能的过程中，渗透物质的结构与功能相适应的观念

科学思维 水平2
通过分析比较多种同类物质，阐明糖类、蛋白质、生物大分子的组成特点，培养抽象、归纳和概括思维

科学探究 水平2
通过检测生物组织中的还原糖等重要生命物质，学会根据颜色反应来检测特定物质的方法，培养实验技能和热爱科学探究的精神

社会责任 水平3
①关注无机盐、糖类、脂肪等营养物质的摄入量与人体健康的关系，养成健康的饮食习惯；
②运用蛋白质变性等原理解释生活中的相关现象

分课时 4　细胞中的元素和化合物

一、课时目标

1. 通过比较不同细胞的元素及含量，了解组成细胞的大量元素和主要微量元素，了解组成细胞的元素虽都来自自然界但各元素相对含量又与无机环境不同，认同生命的统一性和特殊性。

2. 通过分析组成细胞的主要化合物及相对含量，说出组成细胞的化合物的主要种类，认同生命的物质性。

3. 尝试检测生物组织中的糖类、脂肪和蛋白质，进行实验操作，观察实验结果，基于实验简述组成细胞的物质的特殊性。

二、评价任务

1. 分析表格，完成任务一中思考 1-1、思考 1-2 和练习 1。（检测课时目标 1）

2. 阅读，比较教材图示内容，完成任务二中思考 2-1、思考 2-2 和练习 2。（检测课时目标 2）

3. 进行实验操作，完成任务三中思考 3-1～思考 3-3 和练习 3。（检测课时目标 3）

三、学习经历

任务一：探究组成细胞的元素及其含量。（指向课时目标 1）

活动 1. 比较、分析教材第 16 页两个表格中组成细胞的元素种类及含量差异，回答问题。

思考 1-1：细胞中是否存在细胞特有的一些化学元素？同种元素在地壳和细胞中的含量是否相同？这两个问题的答案说明了什么？

_____

思考 1-2：人体细胞和玉米细胞含量最多的 4 种元素分别是什么元素？在两种细胞中还有一些微量元素，它们含量很少，没有在表格列出是否意味着它们在生物体中的作用不重要？

_____

练习 1. 在人体细胞鲜重中 C 占 18%，O 占 65%，而在人体细胞干重中 C 占 55.99%，O 占 14.62%。下列对人体细胞元素组成的叙述，错误的是（　　　）

A. 人体细胞中 C、H、O、N 都是大量元素

B. Ca、Cu、Zn、Fe 都是微量元素

C. 细胞中各种元素的相对含量与无机自然界的大不相同

D. 人体细胞内的元素在无机自然界都能找到

学习评价

评价标准：

A⁺级——讨论积极，通过表格比较，能独立准确地认识不同细胞在元素种类和含量上的特点。

A 级——讨论较积极，通过教师的引导能认识不同细胞在元素种类和含量上的特点。

B 级——讨论不够积极，通过教师的引导仍不能回答上述问题。

自我评价等级：（　　　）　　教师评价：_____。

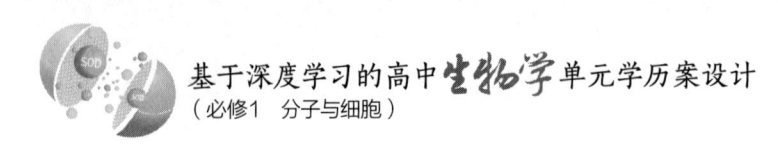

任务二：探究组成细胞的化合物种类及含量。（指向课时目标2）

活动2. 阅读教材17页"组成细胞的化合物"及"图2-1 组成细胞的主要化合物及相对含量"，回答问题。

思考2-1：细胞中含量最多的化合物是什么？细胞中含量最多的有机化合物是什么？

_____

思考2-2：结合初中所学知识和生活体验，你认为梨的果实和叶片的细胞中化合物的种类和含量有什么明显区别？

_____

练习2. 在极度缺水的沙漠环境中，对于仙人掌来说，其细胞中含量最多的化合物是（　　）

A. 蛋白质　　　B. 糖类　　　C. 水　　　D. 脂肪

学习评价

> **评价标准：**
> A^+级——积极思考，能独立准确地说出细胞中化合物的主要种类。
> A级——较积极思考，在教师的引导下能说出细胞中化合物的主要种类。
> B级——思考不够积极，在教师的引导下仍不能回答出细胞中化合物的主要种类。
> 自我评价等级：（　　）　　教师评价：_____。

任务三：检测生物组织中的几种生命物质。（指向课时目标3）

活动3. 按照教材第18页的"方法步骤"，分组完成以下三个实验并回答下列思考题、练习。

（1）还原糖的检测；（2）脂肪的检测；（3）蛋白质的检测。

思考3-1：斐林试剂和双缩脲试剂的使用要点是什么？体积分数为50%的酒精在脂肪的检测实验中的作用是什么？

_____
_____

思考3-2：还原糖的检测实验中，能否用西瓜汁作为实验材料？为什么？

_____

思考3-3：用斐林试剂的甲液、乙液和蒸馏水能否检测蛋白质？为什么？

_____

练习3. 甲同学向某待检测样液中先加入1 mL的0.1 g/mL氢氧化钠，然后加入4滴0.01 g/mL硫酸铜。推测他想鉴定的物质是（　　）

A. 脂肪　　　B. 淀粉　　　C. 葡萄糖　　　D. 蛋白质

学习评价

评价标准：

A⁺级——积极思考，能准确地说出还原糖、脂肪和蛋白质检测的实验原理并独立进行相关物质的检测实验。

A级——较积极地思考，在教师引导下能较准确地说出还原糖、脂肪和蛋白质检测的实验原理并进行相关物质的检测实验。

B级——思考不够积极，在教师的引导下仍不能准确说出还原糖、脂肪和蛋白质检测的实验原理，进行相关物质的检测实验也需要在教师的指导下才能勉强完成。

自我评价等级：（　　）　教师评价：_____。

课后检测

A组题（概念检测）

1. 以下事实属于微量元素的功能的是（　　）
   A. 缺镁时植物叶片变黄，光合作用减弱
   B. 人体缺钙会引起抽搐
   C. 磷元素参与构成细胞膜等结构
   D. 油菜缺少硼时，只开花不结实

2. 下图横坐标表示细胞中的几种成分，纵坐标表示每种成分在细胞鲜重中的含量，以下按图中①②③④顺序排列的是（　　）

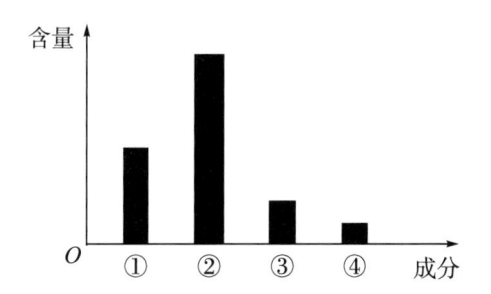

   A. 水、蛋白质、糖类、脂质　　　　B. 蛋白质、糖类、脂质、水
   C. 水、蛋白质、脂质、糖类　　　　D. 蛋白质、水、脂质、糖类

3. 胡杨生活在荒漠地区，而水母生活在水中。这两种生物的细胞中含量最多的化合物分别是（　　）
   A. 蛋白质、水　　　　　　　　　　B. 水、蛋白质
   C. 蛋白质、蛋白质　　　　　　　　D. 水、水

4. 生物组织细胞中含有多种化合物，某些化学试剂能够使其产生特定的颜色反应，下列相关叙述正确的是（　　）
   A. 甘蔗富含蔗糖且颜色较浅，是检测还原糖的适宜材料

B. 将花生子叶切成薄片并用苏丹Ⅲ染色后，即可观察

C. 检测蛋白质时，加入双缩脲试剂后需要在50℃～65℃条件下水浴加热

D. 斐林试剂能与还原糖发生作用生成砖红色沉淀，使用时应现配现用

5. 青苹果汁遇碘溶液呈蓝色，熟苹果汁能与斐林试剂发生反应，这说明（　　）

　　A. 青苹果汁中含淀粉，不含糖类

　　B. 熟苹果汁中含糖类，不含淀粉

　　C. 苹果转熟时，淀粉水解为葡萄糖

　　D. 苹果转熟时，葡萄糖聚合成淀粉

B组题（应用检测）

6. 某生物兴趣小组在野外发现一种组织颜色为白色的不知名野果，该小组欲鉴定其中是否含有还原糖、脂肪和蛋白质，下列叙述正确的是（　　）

　　A. 对该野果进行脂肪的鉴定实验不一定使用显微镜

　　B. 若该野果的组织样液中加入斐林试剂并水浴加热出现较深的砖红色，说明该野果中含有大量的葡萄糖

　　C. 进行蛋白质的鉴定时可用斐林试剂的甲液和乙液代替双缩脲试剂A液和B液，因为它们的成分相同

　　D. 进行还原糖鉴定的实验结束时将剩余的斐林试剂装入棕色瓶，以便长期保存备用

7. 如图所示，向1、3、5号试管中分别加入2 mL蒸馏水，2、4、6号试管中分别加入2 mL发芽的小麦种子匀浆（含有的淀粉酶可催化淀粉分解成葡萄糖）样液，然后在1～4号试管中适量滴加斐林试剂，5、6号试管中合理滴加双缩脲试剂，摇匀。预期观察到的实验现象是（　　）

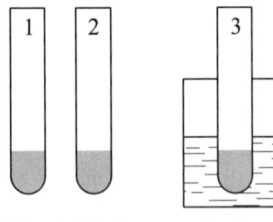

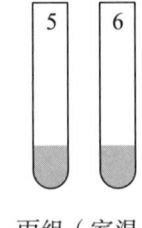

　　A. 1、3号试管内都呈蓝色，5号试管无色

　　B. 3组实验中甲组和乙组的实验结果相同

　　C. 4号试管内出现砖红色沉淀，其余试管内都呈蓝色

　　D. 4号试管内出现砖红色沉淀，6号试管内呈紫色

分课时5 细胞中的无机物

一、课时目标

1. 说出水在细胞中的形式和作用，认同其在生命活动中具有重要作用。
2. 举例说出无机盐在细胞中的存在形式和主要作用。

二、评价任务

1. 比较表格、实例分析，完成任务一中思考1-1～思考1-3，拓展思考2，练习1。（检测课时目标1）
2. 分析材料，回答任务二中材料1～材料4中的问题，完成练习2。（检测课时目标2）

三、学习经历

任务一：探究细胞中水的存在形式和生理作用。（指向课时目标1）

活动1. 根据下列表格内容了解生物体中的水的含量，结合细胞中水的存在形式和生理作用等进行相关分析。

几种不同生物体的含水量表

生物	水母	鱼类	蛙	哺乳动物	藻类	高等植物
含水量（%）	97	80～85	78	65	90	60～80

人体中不同组织、器官的含水量表

生长发育阶段	牙齿	骨骼	骨骼肌	心肌	血液
含水量（%）	10	22	76	79	83

人体不同发育阶段的含水量表

生长发育阶段	婴儿	幼儿	成人	老人
含水量（%）	91	72	60	50

思考1-1：分析上述三组数据，你能得出什么结论？

思考1-2：人体中血液呈液态，含水量为83%；心肌呈坚韧的固态，含水量为79%。两者的含水量很接近，但形态却大不相同，那么血液和心肌中的水究竟主要以什么形式存在呢？

思考1-3：左、右连一连。
①人体的血液中自由水含量较多　　⑥参与生物化学反应
②人体大多细胞生活在液体环境　　⑦细胞结构的重要组成成分
③绿色植物光合作用反应消耗水　　⑧良好溶剂
④水是细胞中含量最多的化合物　　⑨运输营养物质和代谢废物
⑤许多物质能够在水中溶解　　　　⑩提供液体环境

拓展思考1：水为什么是细胞内的良好溶剂？水在常温下呈液态，具有流动性的原因是什么？水的温度相对不容易发生改变的原因是什么？

_____

拓展思考2：

（1）刚收获的水稻种子需晒干后储存，晒干过程中丢失的主要是哪种水？晒干后种子还有活性吗？将干种子放在试管中加热并烘干，试管壁上有水珠出现，该过程丢失的主要是哪种水？烘干后的种子还有活性吗？种子烘干过程中结合水和自由水如何转化？

_____

（2）晒干的水稻种子浸泡吸水后又能萌发，该过程中结合水和自由水如何转化？据此推断自由水/结合水这一比值与细胞代谢强度有何关系？

（3）越冬的植物、干旱地区植物的细胞中结合水含量会升高，据此推断自由水和结合水的比值与生物的抗逆性有什么关系？

练习1. 小晓同学的外婆将新鲜的芒果晾晒、烘烤，制成了芒果干，在这个过程中芒果中主要流失了（　　）
　　A. 自由水和结合水　　　　　　B. 结合水和无机盐
　　C. 自由水和无机盐　　　　　　D. 自由水和蛋白质

任务二：探究生物体内无机盐的功能。（指向课时目标2）
活动2. 分析以下材料，归纳细胞中主要无机盐的功能。

材料1：分析教材第22页"一种叶绿素分子和血红素分子局部结构简图"。由此可知，无机盐具有什么功能？

_____

材料2：足球运动员在赛场中有时会出现肌肉抽搐现象，这是大量钙离子随着汗液丢失引起的；硼能促进植物花粉的萌发和花粉管的生长，缺硼时会导致"花而不实"，即只开花不结果。由此可知，无机盐具有什么功能？

_____

材料3：人体代谢过程中产生的一些代谢物质会改变体液的酸碱度，人体血浆中存在 $H_2CO_3/NaHCO_3$ 和 NaH_2PO_4/Na_2HPO_4 等酸碱缓冲物质，可以中和这些变化，从而使血浆 pH 维持在 7.35～7.45。由此可知，无机盐具有什么功能？

___

材料 4：医用生理盐水是指与哺乳动物血浆、淋巴液等渗且质量分数为 0.9% 的氯化钠溶液。人体的红细胞在生理盐水中会保持原有的状态，如果放到清水里，会吸水胀破。由此可知，无机盐具有什么功能？

___

练习 2. 小红同学的体检报告显示，其体内的血红蛋白含量偏低，她体内可能缺乏的元素是（　　）

  A. Zn   B. Fe   C. Ca   D. K

学习评价

评价标准：
  A$^+$级——思考积极，通过材料分析能准确说出细胞中无机盐的生理功能。
  A 级——思考较积极，在教师的引导下能较准确说出细胞中无机盐的生理功能。
  B 级——思考不够积极，在教师的引导下仍不能对材料进行较准确的分析。
  自我评价等级：（　　）   教师评价：_____。

课后检测

A 组题（概念检测）

1. 晒干后的水稻种子代谢水平降低，便于储藏。这主要是由于（　　）
  A. 结合水含量增加   B. 自由水含量降低
  B. 结合水含量降低   D. 自由水含量增加

2. 下列关于细胞中水和无机盐的叙述，正确的是（　　）
  A. 越冬的植物细胞中自由水的比例较高
  B. 自由水是细胞结构的重要组成成分
  C. 无机盐参与维持细胞的酸碱平衡，不参与物质的合成
  D. 无机盐大多以离子的形式存在，对维持生命活动有重要作用

3. 下图为细胞中水的两种存在形式及其作用，下列相关叙述错误的是（　　）

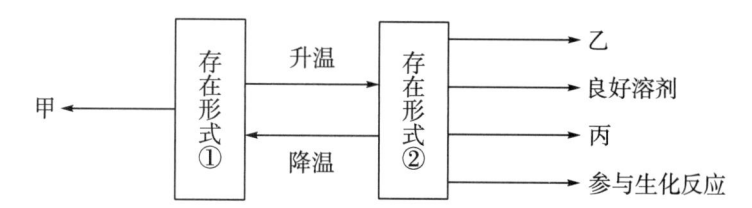

  A. 图中①指的是结合水，该部分水较少，主要与蛋白质、多糖等物质结合
  B. 图中②指的是自由水，当②/①比值上升时，植物的抗寒性、抗旱性等抗逆性

增强

C. 图中甲表示"组成细胞结构"，乙可表示"运输营养物质和代谢废物"

D. 图中②是良好溶剂，因为水分子是极性分子，带有电荷的分子（或离子）易与水结合

4. 下表有关分析错误的是（　　）

溶液	溶质的元素组成	检测试剂	颜色反应	检测实验的条件
甲	C、H、O	①	砖红色	水浴加热
乙	C、H、O、N等	双缩脲试剂	②	③

A. 甲可能是麦芽糖溶液　　　　B. ①是斐林试剂，使用时需水浴加热

C. 乙可能是一种蛋白质溶液　　D. ②是紫色，③是水浴加热

B 组题（应用检测）

5. 人在严重腹泻时会丢失大量水和无机盐，为防止电解质失衡，最适宜补充的是（　　）

A. 咖啡　　　　B. 淡盐水　　　　C. 牛奶　　　　D. 茶水

6. Zn^{2+} 是激活色氨酸合成酶的必要成分，缺 Zn^{2+} 会影响生长素合成导致植物生长受阻，通常会出现节间缩短，叶片变小呈簇生状，俗称"小叶病"。下列说法错误的是（　　）

A. 依据元素在细胞内的含量划分，锌属于微量元素

B. 无机盐在细胞中含量很少，主要以离子形式存在

C. 若探究小叶病是否由缺锌引起，对照组应使用缺锌的完全培养液

D. 该现象说明无机盐对于维持细胞和生物体的正常生命活动有重要意义

分课时6　细胞中的糖类和脂质

一、课时目标

1. 举例说出糖类的种类和作用；通过分析葡萄糖溶液在生命活动中的作用，认识糖类既是细胞结构的重要结构成分，又是生命活动的主要能源物质。

2. 举例说出脂质的主要种类和作用。

3. 举例说出糖类和脂质的相互转化关系。

4. 关注糖类、脂肪等的过量摄入对健康的影响，在形成合理膳食习惯的同时，向他人宣传健康饮食的观念。

二、评价任务

1. 阅读，列出比较表，完成任务一中思考1-1～思考1-3及练习1。（检测课时目标1）

2. 分析、完善表格，完成任务二中思考2-1、思考2-2、思辨1、练习2。（检测课时目标2）

3. 阅读，分析，完成任务三中思考3-1、思考3-2、思辨2、练习3。（检测课时目标3和课时目标4）

三、学习经历

任务一：探究细胞中糖类的主要种类和功能。（指向课时目标1）

活动1. 阅读教材第23~25页"细胞中的糖类"，总结回答以下问题：

思考1-1：为什么静脉注射葡萄糖能较快缓解因低血糖导致的晕厥？这说明葡萄糖在生命活动中有何作用？

思考1-2：总结细胞中糖类的主要种类及其分子式、概念、分布范围、主要功能。（列表回答）

思考1-3：糖尿病患者的血糖水平高于正常人，他们的饮食受到严格的限制，除了巧克力等高甜食品，米饭和馒头也都需要定量摄取。为什么？

练习1. 人体摄入的糖类，有的能被细胞直接吸收，有的必须经过水解才能被细胞吸收。下列糖类中能直接被人体细胞吸收的是（　　）

A. 葡萄糖　　　B. 蔗糖　　　C. 淀粉　　　D. 纤维素

任务二：概括细胞中的脂质的种类和功能。（指向课时目标2）

活动2. 阅读教材第25~27页"细胞中的脂质"，填写下表。

分类		作用
脂肪（甘油三酯）		①细胞内良好的_____ ②很好的_____，有隔热、保温作用 ③具有_____和_____作用，可以保护内脏器官
磷脂		构成_____、细胞器膜等的重要成分
固醇	胆固醇	①构成动物_____的重要成分 ②参与血液中_____的运输
	性激素	促进人和动物生殖器官的发育以及_____的形成
	维生素D	能有效地促进人和动物肠道对_____的吸收

思考2-1：与糖类相比，脂肪为什么是良好的储能物质？两者在元素含量上有什么区别？

思考2-2："瘦子怕撞，胖子怕热"体现了哪种脂质的哪些功能？该脂质还具有什么功能？

思辨1：所有的细胞都含有磷脂吗？为什么？

练习2. 黑熊在准备度过缺少食物的冬季之前，要摄取大量的食物并将其转变成某种储存能量的物质。这种储存能量的物质最可能是（　　）

A. 淀粉　　　　B. 脂肪　　　　C. 几丁质　　　　D. 性激素

任务三：分析糖类与脂质的相互转化。（指向课时目标3和课时目标4）

活动3. 阅读教材第27页课文最后一段，讨论回答下列问题。

思考3-1：玉米、谷物中含有大量的营养物质如糖类，在北京鸭的饲养过程中，要用大量谷物饲料育肥。请尝试分析其中的道理。

思考3-2：为什么有的人胖起来容易，想通过减肥瘦下去很难？（提示：从物质转化程度的差异分析）

思辨2：糖尿病患者需要严格控制饮食，那么正常人是不是就可以不用控制糖类和脂肪等的摄入量？为什么？

练习3. 在日常饮食中，我们要合理地控制糖类和脂肪的摄入量，以下说法正确的是（　　）

A. 糖尿病人要严格限制甜味食品，馒头和米饭等主食摄入量与正常人无异
B. 青少年为了保持身材苗条可以少吃甚至不吃主食
C. 糖类和脂肪之间的转化程度是一致的，肥胖者饮食只需要限糖
D. 正常人日常饮食应注意控制糖的摄入量，不应超过相应标准

学习评价

评价标准：

A⁺级——积极阅读、分析、填表，能准确地说出糖类和脂质的种类、作用及相互转化关系。

A级——较积极地阅读、分析、填表，在教师的引导下能说出糖类和脂质的种类、作用及相互转化关系。

B级——阅读、分析不够积极，对糖类和脂质的种类、作用及相互转化关系等的阐述存在一定困难。

自我评价等级：（　　）　　教师评价：＿＿＿＿＿＿＿＿＿＿＿＿＿。

课后检测

A 组题（概念检测）

1. 下列属于植物细胞中的多糖的是（　　）
   A. 糖原　　　　B. 纤维素　　　　C. 麦芽糖　　　　D. 果糖

2. 若某生物体可以发生"淀粉→麦芽糖→葡萄糖→糖原"的转化过程，则下列说法正确的是（　　）
   ①此生物是动物，因为能将淀粉转化为糖原　②此生物一定是植物，因为它含有淀粉和麦芽糖　③上述关于糖的转化不可能发生在同一生物体内，因为淀粉和麦芽糖是植物特有的糖，而糖原是动物特有的糖　④葡萄糖、麦芽糖和糖原都可以用斐林试剂检测产生砖红色沉淀
   A. ①④　　　　B. ①　　　　C. ②④　　　　D. ③④

3. 下列关于脂质的叙述，错误的是（　　）
   A. 与糖类相比，脂肪中 O 的含量更少，H 的含量更高
   B. 企鹅体内的脂肪厚达 4 cm，能减少热量散失，起保温作用
   C. 性激素对维持生物体的生殖过程起着重要的调节作用
   D. 脂肪是细胞内的主要能源物质

4. 糖类是细胞的主要能源物质，下列关于糖类的叙述正确的是（　　）
   A. 核糖、果糖、麦芽糖都是细胞中的单糖
   B. 人体可将植物中淀粉和纤维素水解成葡萄糖
   C. 单糖与二糖都可与斐林试剂反应生成砖红色沉淀
   D. 糖原和脂肪都是人体细胞中重要的储能物质

5. 下列关于细胞内糖类与脂质的叙述，错误的是（　　）
   A. 谷物中含量丰富的多糖是淀粉和纤维素
   B. 脂质具有构成生物膜、调节代谢和储存能量等生物学功能
   C. 脂质中只有磷脂是构成细胞膜的成分
   D. 脂质分子中氧的含量远远少于糖类，而氢的含量更多

B 组题（应用检测）

6. 2020 年中秋，患糖尿病的韩奶奶因食用"无糖月饼"而被"甜晕"，还好抢救及时，脱离危险。目前很多广告语存在科学性错误，下列说法你认为正确的是（　　）
   A. 无糖饼干主要成分是淀粉，没有甜味，属于无糖食品
   B. "××牌"口服液含有丰富的 Fe、Zn、Ca 等微量元素
   C. "××牌"鱼肝油含有丰富的维生素 D，有助于宝宝骨骼发育
   D. 某种有机蔬菜天然种植，不含任何化学元素，是真正的绿色食品

7. 脂肪肝是指由于各种原因引起的肝细胞内脂肪堆积过多的病变。脂肪肝属于可逆性疾病，其发病与个人生活习惯有关，早期诊断、及时治疗并调整生活习惯可恢复健

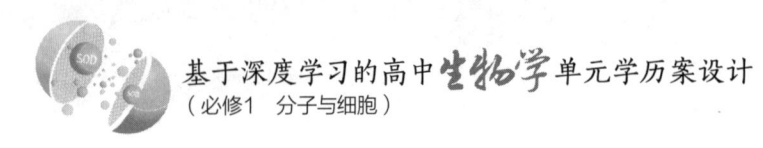

康。下列叙述错误的是（　　）

 A. 磷脂是肝细胞必不可少的组成成分

 B. 人体适量摄入胆固醇有利于血液中脂质的运输

 C. 甘油三酯、磷脂和胆固醇均属于脂肪

 D. 合理膳食及适度运动有助于脂肪肝病人康复

8. 蜂蜡和蜂蜜都是良好的保健品，蜂蜡中富含饱和脂肪酸等脂类物质，而蜂蜜的主要成分是葡萄糖和果糖。下列关于蜂蜡和蜂蜜的叙述，正确的是（　　）

 A. 蜂蜜中加入斐林试剂并水浴加热后能产生砖红色沉淀

 B. 蜂蜜的主要成分不能被人体直接吸收

 C. 蜂蜡在室温下呈液态

 D. 蜂蜡的主要成分与蜂蜜的主要成分相比，其氢的含量低，但氧的含量高

分课时7、8　蛋白质是生命活动的主要承担者

一、课时目标

1. 阐明蛋白质是生命活动的主要承担者，认同蛋白质与人体营养、健康等关系密切。

2. 归纳概括氨基酸的结构通式和特点，阐明氨基酸是蛋白质的基本组成单位。

3. 说出氨基酸构成多肽链或蛋白质分子的过程。

4. 分析蛋白质分子结构多样性和功能多样性的关系，举例说明蛋白质的结构是与其功能相适应的。

二、评价任务

1. 分析实例，完成任务一中填表、思考1－1～思考1－3、练习1。（检测课时目标1）

2. 比较、归纳，完成任务二中思考2－1～思考2－4，练习2、练习3。（检测课时目标2）

3. 阅读，进行角色扮演，完成任务三中思考3－1、思考3－2及拓展思考、练习4。（检测课时目标3）

4. 阅读、归纳概括，完成任务四中思考4－1、思考4－2及拓展思考、练习5。（检测课时目标4）

三、学习经历

任务一：分析蛋白质的功能。（指向课时目标1）

活动1. 阅读教材第28页，观察"图2－8　蛋白质的功能实例"，填表总结蛋白质的功能。

功能		实例
作为_____		肌肉、头发、羽毛、蛛丝等
功能蛋白	调节	_____等蛋白质类激素
	_____	绝大多数酶
	_____	血红蛋白
	免疫	_____能抵御侵入人体或高等动物体内的抗原物质

思考1-1：连一连（将功能及其对应的蛋白质连线）。

①结构　　　　　　　　　　⑥抗体
②调节　　　　　　　　　　⑦生长激素等蛋白质类激素
③催化　　　　　　　　　　⑧绝大多数酶
④运输　　　　　　　　　　⑨毛发、肌肉等
⑤免疫　　　　　　　　　　⑩血红蛋白

思考1-2：为什么说蛋白质是生命活动的主要承担者？

_____

思考1-3：为什么胶原蛋白制成的手术缝合线可以被人体组织吸收？这种缝合线发生什么样的化学变化才能被吸收？

_____

练习1. 正常情况下，接种流感疫苗后机体会产生相应的抗体，可帮助人体抵御流感病毒的侵害。抗体体现出蛋白质具有（　　）

A. 催化功能　　　B. 免疫功能　　　C. 运输功能　　　D. 调节功能

学习评价

评价标准：

A⁺级——讨论积极，能独立并准确地举例说出蛋白质的功能。
A级——讨论较积极，在教师的引导下能较准确地举例说出蛋白质的功能。
B级——讨论不够积极，在教师的引导下仍不能举例说出蛋白质的功能。
自我评价等级：（　　）　　教师评价：_____。

任务二：探究氨基酸的基本结构及其特点。（指向课时目标2）

活动2. 完成教材第29页"思考·讨论"，总结回答问题。

思考2-1：在人体中，组成蛋白质的氨基酸有_____种。分为_____
_____（8种）和_____（13种）。

思考2-2：氨基酸的元素组成是什么？可能还有其他元素吗？

_____

思考2-3：比较教材第29页"思考·讨论"中四种氨基酸的结构，用方框圈出图中氨基酸相同的部分。如果将这些氨基酸不同的部分用R表示，尝试书写氨基酸的结

构通式：_____。

思考 2-4：总结氨基酸的结构特点：数量上，每种氨基酸分子中至少含有一个_____（—NH₂）和一个_____（—COOH）；位置上，每种氨基酸分子中都有一个_____和一个_____连接在同一个碳原子上，该碳原子还连接着一个_____和一个侧链基团，这个侧链基团用_____表示。各种氨基酸的区别在于_____的不同。

练习 2. 下列分子是否属于构成蛋白质的氨基酸？如果不是，请说出理由；如果是，在图中圈出其 R 基。

① HOOC—C(CH₃)(H)—COOH   ② H₂N—C(CH₃)(H)—NH₂

③ HOOC—C(H)(H)—CH₂—NH₂   ④ HOOC—CH(NH₂)—HOOC—CH(NH₂)

⑤ HOOC—C(NH₂)(H)—CH₂—NH₂

练习 3. 甘氨酸的分子式为 $C_2H_5NO_2$，它往往位于蛋白质内部狭窄的角落处，使蛋白质链能在此处缠绕或折叠，在蛋白质形成特定构象中特别重要。这种特点主要取决于甘氨酸（　　）
A. 含有氨基　　B. 含有羧基　　C. R 基简单　　D. 是必需氨基酸

学习评价

评价标准：

A⁺级——讨论积极，能准确地掌握氨基酸的结构通式并进行相关判断。

A 级——讨论较积极，在教师的引导下能较准确地掌握氨基酸的结构通式并进行相关判断。

B 级——讨论不够积极，在教师的引导下仍不能准确地掌握氨基酸的结构通式并进行相关判断。

自我评价等级：（　　）　　教师评价：_____。

任务三：探究氨基酸构成蛋白质的过程。（指向课时目标 3）

活动 3. 阅读教材第 30 页"蛋白质的结构及其多样性"，进行角色扮演，回答以下思考题和练习。

【角色扮演 1】模拟氨基酸脱水缩合形成二肽的过程，并思考回答相关问题。

请 2 名同学（各代表一个氨基酸）在讲台前并排站立，面向全班同学。举起右手表示氨基，举起左手表示羧基，头部代表 R 基。学生从右向左依次手握手（表示脱水缩合），形成 1 个二肽。

思考 3－1：

①参与脱水缩合的部位：一个氨基酸氨基中的_____和另一个氨基酸羧基中的_____。

② H_2O 中 H 和 O 的来源：H 来自_____和_____，O 来自_____。

③—NH_2 和—COOH 的数量和位置：一个二肽中至少含有一个游离的—NH_2 和一个游离的—COOH，分别位于二肽的两端，其余的—NH_2 和—COOH 位于_____中。

【角色扮演 2】 模拟氨基酸脱水缩合形成多肽的过程并探究脱水缩合过程中的数量变化规律。请多名同学（各代表一个氨基酸）在讲台前站成一排，面向全班同学。举起右手表示氨基，举起左手表示羧基，头部代表 R 基。学生从右向左依次手握手表示脱水缩合，形成 1 条多肽。

思考 3－2：

①完成下表中脱水缩合的数学模型构建：

氨基酸个数	形成肽链数	形成肽键数	脱去水分子数	至少含有氨基（或羧基）数
3	1			
4	1	___	___	___
n	1	___	___	___
4	2	___	___	___
5	2	___	___	___
n	2	___	___	___
…	…	…	…	…
n	m	___	___	___

由上表可知：脱水缩合中氨基酸数、肽链数、脱去的水分子数以及肽键数之间的关系是怎样的？

_____

②假设氨基酸的平均相对分子质量为 a，由 n 个氨基酸形成 1 条肽链，则该多肽的相对分子质量是多少？若形成 m 条肽链呢？

_____

拓展思考： 有些蛋白质分子含有两条或多条肽链，它们通过一定的化学键，如二硫键相互结合在一起。请结合二硫键形成原理想一想：在形成一个二硫键时，相对分子质量减少了多少？

_____

练习 4. 胰岛素由 51 个氨基酸形成的两条肽链构成，胰岛素分子中含有的肽键数目是（　　）

A. 53　　　　　B. 51　　　　　C. 50　　　　　D. 49

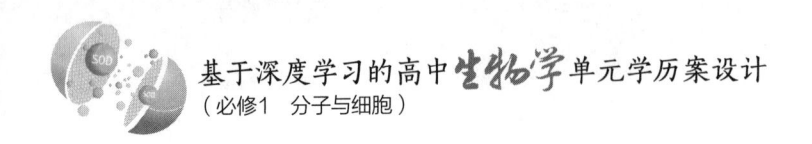

学习评价

评价标准：

　　A⁺级——讨论积极，能通过角色扮演等过程正确理解氨基酸之间的脱水缩合过程及相关数量变化规律。

　　A级——讨论较积极，通过角色扮演等过程，在教师的引导下，能理解氨基酸之间的脱水缩合过程及相关数量变化规律。

　　B级——讨论不够积极，不能较好地将角色扮演与理解氨基酸之间的脱水缩合联系起来。

　　自我评价等级：（　　　）　　教师评价：＿＿＿＿＿＿＿＿＿＿＿＿＿＿。

任务四： 归纳概括蛋白质的结构层次及蛋白质多样性的原因。（指向课时目标4）

活动4. 阅读教材第31页"图2-12　由氨基酸形成血红蛋白的示意图"及"思考·讨论"，回答问题。

思考4-1： 从氨基酸到蛋白质大致有哪些结构层次？

＿＿＿＿＿＿＿＿＿＿＿＿＿＿＿＿＿＿＿＿＿＿＿＿＿＿＿＿＿＿＿＿＿＿＿＿＿＿

思考4-2： 根据下图含义，分析蛋白质结构多样性的原因有哪些？蛋白质结构多样性与其功能多样性有何关系？

（注：不同形状图形代表不同种类氨基酸，短线代表肽键）

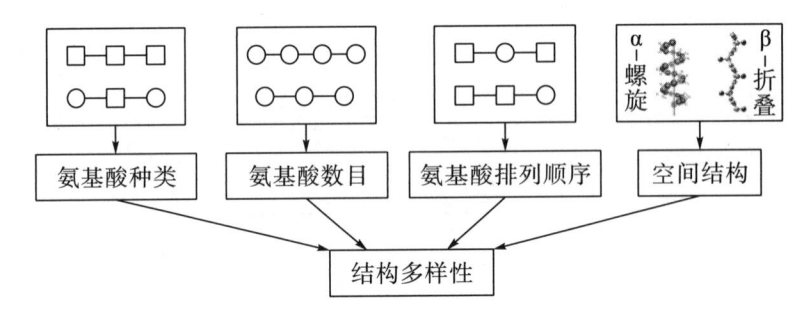

＿＿＿＿＿＿＿＿＿＿＿＿＿＿＿＿＿＿＿＿＿＿＿＿＿＿＿＿＿＿＿＿＿＿＿＿＿＿

拓展思考： 烫发时，先用还原剂使头发角蛋白中的二硫键断裂，再用卷发器将头发的形状固定，最后用氧化剂使角蛋白在新的位置形成二硫键。这一过程改变了角蛋白的（　　）

　　A. 空间结构　　　B. 氨基酸种类　　　C. 氨基酸数目　　　D. 氨基酸排列顺序

练习5. 夏天天气炎热，胰岛素若储存不当就会影响药效的发挥（胰岛素的最佳保存温度是2℃~8℃），经历高温后不能继续使用，原因是什么？

＿＿＿＿＿＿＿＿＿＿＿＿＿＿＿＿＿＿＿＿＿＿＿＿＿＿＿＿＿＿＿＿＿＿＿＿＿＿

学习评价

评价标准：

A^+级——讨论积极，能独立准确地说出氨基酸构成蛋白质分子的过程、蛋白质结构多样性的原因并能举例说出蛋白质的结构与功能相适应。

A级——讨论较积极，在教师的引导下能说出氨基酸构成蛋白质分子的过程、蛋白质结构多样性的大部分原因并能说出蛋白质的结构与功能相适应的一些例子。

B级——讨论不够积极，在教师的引导下仍不能回答出上述问题或只能回答出较少部分。

自我评价等级：（   ）   教师评价：_____。

课后检测

A组题（概念检测）

1. 下列蛋白质与其功能对应正确的是（   ）
    A. 酶与免疫   B. 血红蛋白与催化
    C. 胰岛素与调节   D. 抗体与运输

2. 蛋白质是生命活动的主要承担者，下列关于蛋白质功能的叙述及举例正确的是（   ）
    A. 调节机体的生命活动，如性激素能促进生殖器官的发育
    B. 有些蛋白质能进行物质的运输，如胆固醇参与血液中脂质的运输
    C. 有些蛋白质有免疫功能，如胃蛋白酶能催化蛋白质的水解
    D. 构成细胞和生物体的重要物质，如肌肉、头发、羽毛等的成分就是蛋白质

3. 区别组成人体蛋白质的21种氨基酸的依据是（   ）
    A. 氨基酸数目不同   B. R基不同
    C. 羧基不同   D. 碳原子数目不同

4. 已知苯丙氨酸的分子式是$C_9H_{11}NO_2$，那么该氨基酸的R基是（   ）
    A. —C_7H_7O B. —C_7H_7
    C. —C_7H_7N D. —C_7H_5NO

5. 谷氨酸的R基为—$C_3H_5O_2$，1分子谷氨酸含的C、H、O、N原子数依次是（   ）
    A. 5、9、4、1   B. 4、8、5、1
    C. 5、8、4、1   D. 4、9、4、1

6. 两个氨基酸分子脱水缩合成二肽，脱去的水分子中的氢来自（   ）
    A. 羧基   B. 连接在碳原子上的氢
    C. 氨基   D. 氨基和羧基

7. 葡萄糖、脂肪和蛋白质共有的元素是（   ）
    A. C、H、O   B. C、H、O、N
    C. C、H、O、N、P   D. C、H、O、N、S

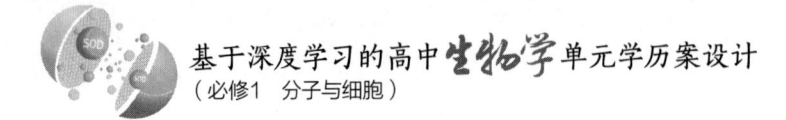

8. 某条多肽链由 31 个氨基酸构成,如图为其部分结构示意图,下列叙述错误的是(　　)

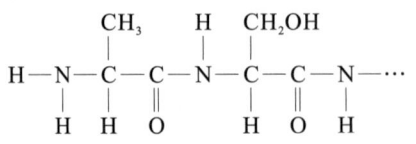

$$H-N-\overset{\overset{CH_3}{|}}{\underset{\underset{H}{|}}{C}}-\overset{\overset{H}{|}}{\underset{\underset{O}{|}}{C}}-N-\overset{\overset{H}{|}}{\underset{\underset{H}{|}}{C}}-\overset{\overset{CH_2OH}{|}}{\underset{\underset{O}{|}}{C}}-N\cdots$$

　　A. 该多肽有 30 个肽键
　　B. 该多肽至少有 1 个游离氨基
　　C. 该多肽的侧链基团有 31 种
　　D. 该多肽形成过程中相对分子质量减少了 540

9. 如图所示为某多肽化合物的示意图,下列有关该化合物的叙述中,错误的是(　　)

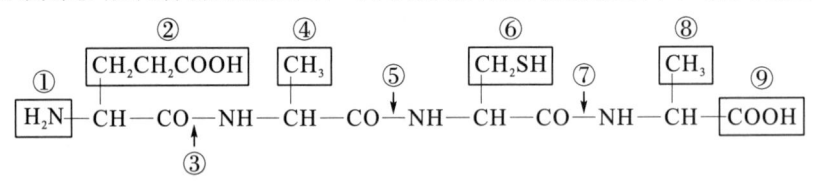

①H₂N—CH—CO—NH—CH—CO—NH—CH—CO—NH—CH—COOH⑨
　　　　　|　　　　　　　|　　　　　　　|　　　　　　　|
　　　②CH₂CH₂COOH　④CH₃　　⑤↓　⑥CH₂SH　⑦↓　⑧CH₃
　　　　　　　　　　　　　　③↑

　　A. 该多肽由 3 种氨基酸脱水缩合而成
　　B. ③⑤⑦的形成过程都要脱掉水分子
　　C. 该多肽游离的羧基多于游离的氨基
　　D. 该多肽彻底水解需消耗 4 个水分子

10. 下列各项中,与蛋白质结构多样性无关的是(　　)
　　A. 氨基酸的排列顺序千变万化
　　B. 肽链的盘曲、折叠方式及其形成的空间结构千差万别
　　C. 氨基酸分子之间的结合方式
　　D. 氨基酸的种类

B 组题（应用检测）

11. 若某多聚体具有免疫功能,以具有放射性的同位素标记的单体作为原料,合成该多聚体的过程中产生了 ³H₂O（两个 H 均被标记）,则单体中被标记的基团是(　　)
　　A. R 基　　　　　　　　　B. 氨基
　　C. 羧基　　　　　　　　　D. 氨基和羧基

12. 下面为牛胰岛素结构模式图,该物质中—S—S—是由两个—SH 脱去两个 H 形成的,下列说法正确的是(　　)

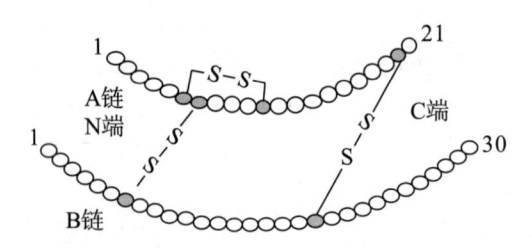

　　A. 牛胰岛素为 51 肽,其中含有 50 个肽键

B. 牛胰岛素中至少有 2 个—NH$_2$ 和 2 个—COOH

C. 牛胰岛素水解产物含有 21 种不同的氨基酸

D. 牛胰岛素形成时，减少的相对分子质量为 882

13. 根据下图分析，回答相关问题：

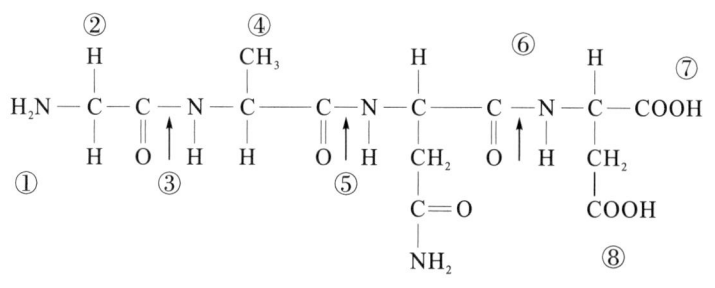

(1) 该化合物中，①表示_____，⑦表示_____，③表示_____。
(2) 该化合物由_____个氨基酸通过_____反应，失去_____个水分子形成，有氨基_____个，有羧基_____个，含有_____个肽键。
(3) 该化合物称为_____。

分课时9　核酸是遗传信息的携带者

一、课时目标

1. 比较 DNA 和 RNA 在化学组成上的异同，能说出 DNA 和 RNA 的区别与联系。
2. 对核苷酸长链图片进行观察分析，能阐述核酸由核苷酸聚合而成，是储存、传递遗传信息的生物大分子。
3. 回顾糖类、蛋白质和核酸的物质组成，能概括生物大分子以碳链为骨架的结构特点。

二、评价任务

1. 阅读、分析资料，完成任务一中思考1-1~思考1-5及练习1、练习2。（检测课时目标1）
2. 观察图示、阅读，完成任务二中思考2-1~思考2-4及练习3。（检测课时目标2）
3. 阅读、概括，完成任务三中思考3-1、思考3-2及练习4。（检测课时目标3）

三、学习经历

任务一：认识核酸的种类、分布和基本单位。（指向课时目标1）
活动1. 阅读教材第34~35页，回答：
思考1-1：_____，简称DNA；_____，简称RNA。真核细胞的DNA主要分布在_____中，_____、_____也

有少量的 DNA。RNA 主要分布在_____中。

思考 1-2：原核生物没有成形的细胞核，其 DNA 主要分布在哪里？

思考 1-3：所有生物体内都同时含有 DNA 和 RNA 吗？

思考 1-4：下图两种核苷酸包含了哪些化学元素：_____。

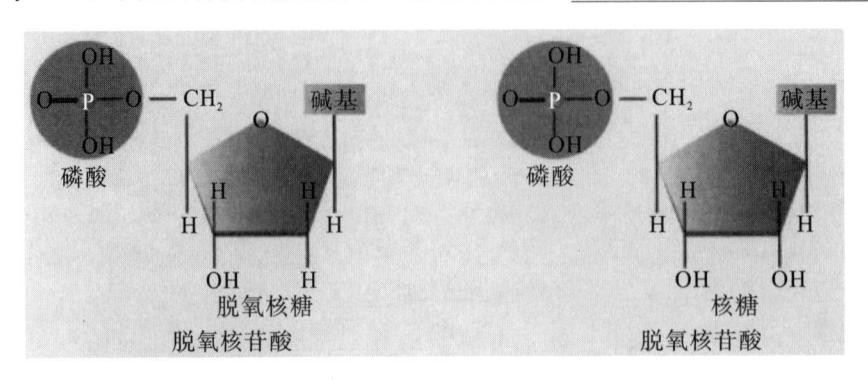

练习 1. 人的口腔上皮细胞中，含有 DNA 的结构有（　　）

A. 线粒体、叶绿体　　　　　　B. 细胞核、线粒体

C. 细胞核、叶绿体　　　　　　D. 细胞核、核糖体

活动 2. 分析资料，回答问题。

资料：用相应的酶使 DNA 水解，最终水解得到的五碳糖是脱氧核糖，得到的含氮碱基有 4 种：腺嘌呤（A），鸟嘌呤（G），胞嘧啶（C），胸腺嘧啶（T）。用同样的方法处理 RNA，得到的五碳糖是核糖，得到的含氮碱基也有 4 种：腺嘌呤（A），鸟嘌呤（G），胞嘧啶（C），尿嘧啶（U）。

思考 1-5：根据以上资料，你认为构成 DNA 和 RNA 的核苷酸在组成上有什么不同？

练习 2. 2023 年诺贝尔生理学或医学奖授予科学家卡塔琳·考里科和德鲁·韦斯曼，以表彰他们在信使核糖核酸（mRNA）研究上的突破性发现。组成 RNA 的单体有（　　）

A. 2 种　　　　B. 4 种　　　　C. 5 种　　　　D. 8 种

任务二：探究核苷酸如何连接成核酸。（指向课时目标 2）

活动 3. 观察以下图示，归纳核酸与核苷酸的关系。

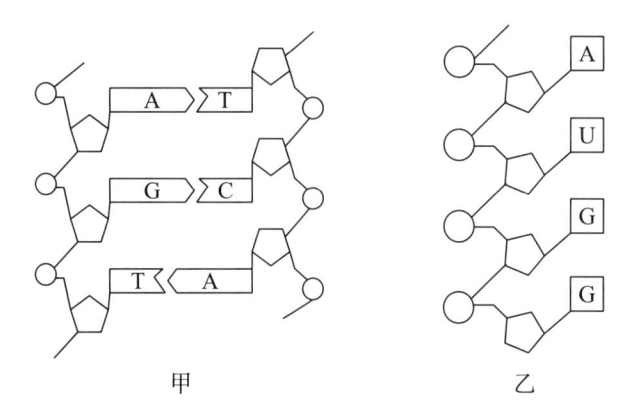

甲　　　　　　　　乙

思考 2-1：根据甲、乙两种结构，你认为甲、乙分别对应的是哪一种核酸？理由是什么？

___

思考 2-2：据上图分析，脱氧核苷酸是如何连接形成脱氧核苷酸链的？核糖核苷酸链的形成方式也是一样的吗？核酸与核苷酸的关系是怎样的？

___

___

活动 4. 阅读教材第 35 页第三段，回答下列思考、练习题，以建构遗传信息的概念及生物性状多样性的原因。

思考 2-3：遗传信息是指_____，人体、HIV（或 SARS）病毒带的遗传信息分别储存在_____分子和_____分子中。

思考 2-4：每种 DNA 都具有特定的碱基序列，而一个双链 DNA 片段又具有多种排列方式，这说明 DNA 分子具有_____性和_____性。DNA 可用于身份鉴定，生物性状多样性分别与 DNA 的_____性、_____性有关。

练习 3. 流感是由流感病毒（遗传物质为 RNA）引起的，而流感疫苗需要每年接种。从 DNA 和 RNA 的结构对比分析为什么流感疫苗需要每年接种？

___

任务三：总结生物大分子的结构特点。（指向课时目标 3）

活动 5. 阅读教材第 35～36 页 "生物大分子以碳链为骨架"，结合 "图 2-17　生物大分子是由许多单体连接成的多聚体"，回答问题。

思考 3-1：通过前面的学习，你已经认识的生物大分子有哪些？

___

思考 3-2：生物大分子有哪些共同点？其单体通过什么方式构成多聚体？

___

练习 4. 多糖、蛋白质、核酸等都是生物大分子，下列关于生物大分子的叙述错误的是（　　）

A. 生物大分子都含有 C、H、O 三种元素

B. 生物大分子都以碳链为基本骨架

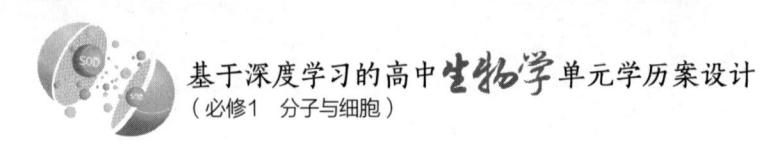

C. 多糖、蛋白质、核酸的单体依次是单糖、氨基酸、核苷酸

D. 氧是生命的核心元素

(小单元2)【小单元问题解决】胰岛 B 细胞主要由什么物质组成？

学习评价

评价标准：

A^+级——讨论积极，能准确地说出核酸的两种类型、异同及分布，能阐述核酸由核苷酸聚合而成，阐明核酸的功能；能概括生物大分子的结构特点。

A 级——讨论较积极，在教师的引导下能准确说出核酸的两种类型、异同及分布，阐述核酸由核苷酸聚合而成，阐明核酸的功能，并概括生物大分子的结构特点。

B 级——讨论不够积极，对两种核酸的异同、核酸的结构和功能、生物大分子的结构特点或其中部分知识内容的梳理存在一定困难。

自我评价等级：（　　）　　教师评价：_____。

课后检测

A 组题（概念检测）

1. 下列有关生物体内核酸的叙述，正确的是（　　）

   A. 病毒的遗传物质都是 RNA

   B. 酵母菌的 DNA 主要分布在细胞核中

   C. 核酸是生物的遗传物质，仅存在于细胞核中

   D. 玉米根尖细胞内的 RNA 仅分布在细胞质中

2. 下列对核苷酸图示的叙述，错误的是（　　）

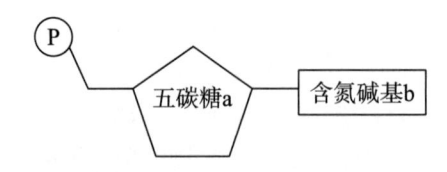

   A. 若五碳糖 a 是核糖，则碱基 b 有 A、U、C、G 4 种

   B. 若五碳糖 a 是脱氧核糖，则碱基 b 有 A、T、C、G 4 种

   C. 若五碳糖 a 是核糖，则图示核苷酸是人体遗传物质的基本单位

   D. 若五碳糖 a 是脱氧核糖，则图示核苷酸构成的多聚体主要存在于真核细胞细胞核中

3. 如图表示化合物 a 和 m 参与化合物 b 的构成，下列叙述错误的是（　　）

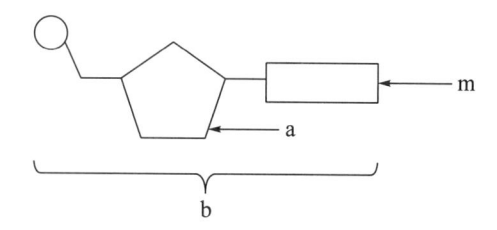

A. 若 m 为胸腺嘧啶，则 b 一定为脱氧核苷酸
B. 组成 a 的元素为 C、H、O，组成 b 的元素为 C、H、O、N、P
C. 若 a 为脱氧核糖，则由 b 构成的核酸可存在于人体细胞中
D. 若 a 为核糖，则 m 可能为尿嘧啶、胸腺嘧啶、腺嘌呤

4. 有关下列概念图的叙述，错误的是（　　）

　　① + ②糖 + ③磷酸 → ④ → ⑤DNA

　　A. ①表示含氮碱基　　　　　　　　B. ②表示核糖
　　C. ④表示脱氧核苷酸　　　　　　　D. 组成 DNA 的元素有 5 种

5. 如图表示 DNA 和 RNA 在化学组成上的区别，图中阴影部分表示两者共有的化学组成，则下列属于阴影部分的一项是（　　）

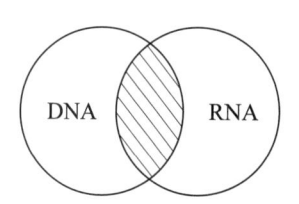

　　A. 脱氧核糖、鸟嘌呤、磷酸　　　　B. 尿嘧啶、鸟嘌呤、磷酸
　　C. 胞嘧啶、腺嘌呤、磷酸　　　　　D. 核糖、脱氧核糖、磷酸

6. 在棉花叶肉细胞中，由 A、G、U、C、T 五种碱基构成的核苷酸共有多少种（　　）
　　A. 5 种　　　　　B. 6 种　　　　　C. 7 种　　　　　D. 8 种

7. 生物大分子通常有一定的分子结构规律，即是由一定的单体，按一定的排列顺序和连接方式形成的多聚体。下列关于生物大分子的叙述，错误的是（　　）
　　A. 生物大分子的相对分子量一般以万到百万计
　　B. 生物大分子以碳链为骨架
　　C. 由碳原子构成的物质都是生物大分子
　　D. 蛋白质和核酸是最重要的两种生物大分子

B 组题（应用检测）

8. 人体所需要的营养物质主要是水、无机盐、维生素、糖类、脂质和蛋白质。这些营养物质在人体细胞中有着重要的作用。

（1）人每天都要补充一定数量的蛋白质，尤其是在婴幼儿时期，如果蛋白质摄入不足会导致抵抗力下降，原因是_____。

(2) 市场出售的少数劣质奶粉中掺有植物淀粉。你如何鉴定奶粉是否含植物淀粉？

(3) 若有3个核酸分子，经分析共有5种碱基、8种核苷酸、4条核苷酸链，则这3个核酸分子分别是（　　）
A. 1个DNA和2个RNA　　　　　　B. 2个DNA和1个RNA
C. 3个DNA　　　　　　　　　　　D. 3个RNA

(4) 俗话说："一方水土养一方人。"饮水是提供人体必需的矿物质和微量元素的重要途径之一。在天然无污染的泉水中，含有 Cu、K、Ca、Zn、P、Mg、Na、Fe 等人体必需元素，其中属于大量元素的是_____。

9. 请你为糖尿病人设计一套科学食谱，既能保证能量的供应又能保证血糖的相对稳定。

小单元3　细胞是生物体结构和功能的基本单位（分课时10~14）

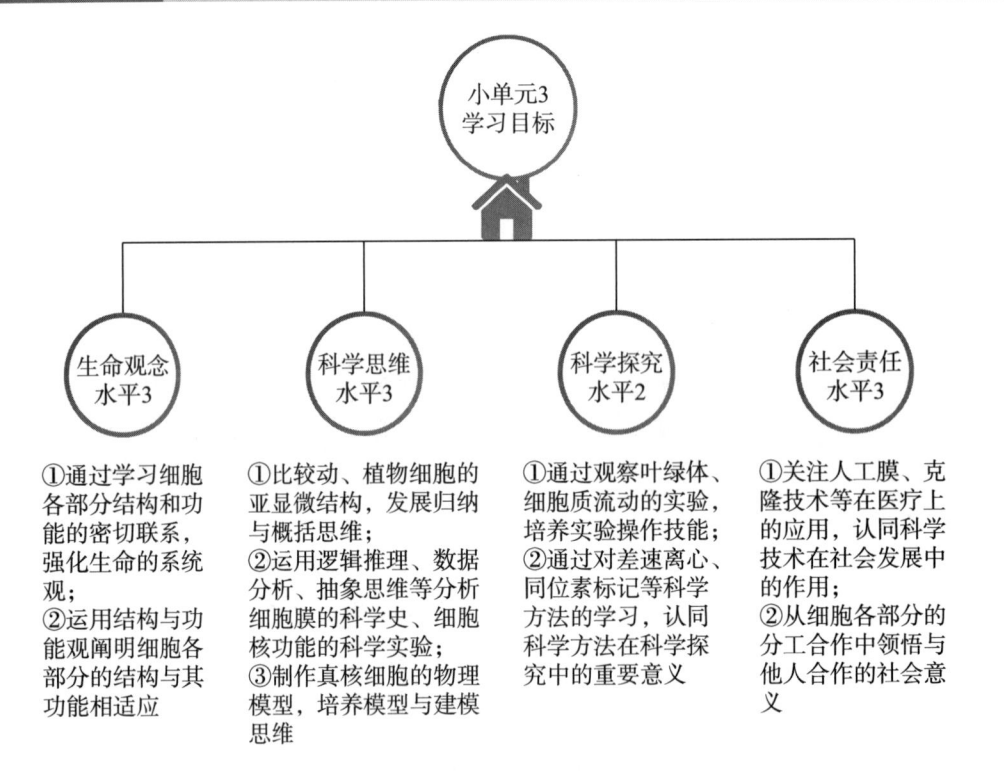

小单元3 学习目标

生命观念 水平3
①通过学习细胞各部分结构和功能的密切联系，强化生命的系统观；
②运用结构与功能观阐明细胞各部分的结构与其功能相适应

科学思维 水平3
①比较动、植物细胞的亚显微结构，发展归纳与概括思维；
②运用逻辑推理、数据分析、抽象思维等分析细胞膜的科学史、细胞核功能的科学实验；
③制作真核细胞的物理模型，培养模型与建模思维

科学探究 水平2
①通过观察叶绿体、细胞质流动的实验，培养实验操作技能；
②通过对差速离心、同位素标记等科学方法的学习，认同科学方法在科学探究中的重要意义

社会责任 水平3
①关注人工膜、克隆技术等在医疗上的应用，认同科学技术在社会发展中的作用；
②从细胞各部分的分工合作中领悟与他人合作的社会意义

分课时10、11　细胞膜的结构和功能

一、课时目标

1. 从系统与环境的关系角度，阐释细胞膜作为细胞系统的边界所具有的功能。
2. 分析细胞膜成分与结构的探索历程，说明细胞膜的成分与结构的关系，概述流

动镶嵌模型的主要内容，并建构细胞膜流动镶嵌模型（物理模型）。

3. 分析细胞膜成分与结构的探索历程中的科学方法，认同科学理论的形成是科学思维、技术手段和科学精神结合下不断修正与完善的过程。

二、评价任务

1. 分析实验、实例，完成任务一中的分析实验和实例中的问题、拓展思考。（检测课时目标1）

2. 分析实验，完成任务二中思考2-1、思考2-2及小结。（检测课时目标2）

3. 阅读分析，完成任务三中【构建模型1、2】、思考3-1、总结。（检测课时目标3）

三、学习经历

任务一：探究细胞膜的功能。（指向课时目标1）

1. 分析实验1：用显微注射器将伊红美蓝注入单细胞生物变形虫体内，染料不会溢出。得出细胞膜的功能一：_____。

2. 分析实验2：细胞可以将某些不需要或有害的物质阻挡在细胞外，对需要的物质葡萄糖、氨基酸等进行选择性吸收。得出细胞膜的功能二：_____
_____。

3. 分析实例：阅读教材第41页"图3-2 细胞间信息交流的方式举例"，回答问题。

（1）细胞间信息交流的三种方式：_____，_____，_____。

（2）由此得出细胞膜的功能三：_____。

拓展思考：植物细胞最外层是细胞壁，细胞壁是植物细胞的边界吗？为什么？细胞壁有何作用？_____。

任务二：细胞膜成分的探索。（指向课时目标2和课时目标3）

活动1. 阅读教材第42页"对细胞膜成分的探索"，回答问题。

思考2-1：欧文顿等人的实验说明，细胞膜是由_____组成，动物细胞膜的脂质有_____，其中_____含量最多。

思考2-2：戈特和格伦德尔用实验推断，1层细胞膜含_____层磷脂分子。丹尼利等推测细胞膜可能还附有_____。

小结：细胞膜的主要成分是_____。

任务三：合作建构细胞膜的结构模型。（指向课时目标2和课时目标3）

活动2. 阅读教材第43~44页"对细胞膜结构的探索"，回答下列问题。

【建构模型1】绘出磷脂分子在细胞膜中的双层排列示意图：

思考3-1：实验证明细胞膜上的蛋白质分子可以_____，磷脂分子也可以进行_____向自由运动。细胞膜的结构特点是_____。

总结："细胞膜的流动镶嵌模型"的基本内容是，细胞膜以_____为基本支架，蛋白质以_____、_____、_____三种方式存在于细胞膜上，细胞膜外表面还有_____可参与_____作用。

活动3.【建构模型2】选择合适的材料（如废旧材料），构建细胞膜流动镶嵌模型（物理模型），并解读所建构的模型及与其功能相适应的特点。

学习评价

评价标准：

A^+级——积极思考、分析，能推断出细胞膜的各项功能和主要成分；建构的流动镶嵌模型科学性强（各结构比例大小、形态、分布正确），色彩搭配舒适，制作精美。

A级——较积极地思考、分析，在教师引导下能推断出细胞膜的各项功能和主要成分；构建的流动镶嵌模型科学性（各结构比例大小、形态、分布正确）强，色彩搭配适宜。

B级——思考不够积极，不能回答部分问题；构建的流动镶嵌模型不正确或有瑕疵。

自我评价等级：（   ）   教师评价：_____。

课后检测

A组题（概念检测）

1. 超滤净水器制出来的水既能彻底滤掉水中的细菌、铁锈、胶体等有害物质，又能保留水中原有的微量元素和矿物质，补充人体日常所需。这是试图模拟细胞膜的（   ）
   A. 将细胞与外界环境分隔开的功能
   B. 控制物质进出细胞的功能
   C. 细胞膜的保护功能
   D. 进行细胞间信息交流的功能

2. 某些病毒、病菌能侵入细胞，使生物体患病，这一事实说明（   ）
   A. 细胞膜不具有控制物质进出细胞的功能
   B. 细胞膜不能将细胞与外界环境分隔开
   C. 细胞膜对物质进出的控制作用是相对的
   D. 细胞膜是进行细胞间信息交流的结构基础

3. 下列关于细胞膜的探索历程中相关实验与结论之间对应关系错误的是（   ）

选项	实验	结论
A	荧光标记的人鼠细胞融合实验	细胞膜具有选择透过性
B	红细胞膜中脂质铺展成单分子层后是红细胞表面积的2倍	细胞膜中的脂质分子排列为连续的两层
C	细胞的表面张力明显低于油—水界面的表面张力	细胞膜中可能还含有蛋白质
D	脂溶性物质更易通过细胞膜	细胞膜是由脂质组成的

4. 细胞膜的特性和功能是由其结构决定的，下列相关叙述错误的是（   ）
   A. 细胞膜的基本支架是磷脂双分子层，因此脂溶性物质容易通过
   B. 磷脂双分子层内部是疏水的，因此水分子不能通过细胞膜
   C. 分布在细胞膜上的蛋白质分子，有的具有物质运输功能
   D. 细胞膜的静态结构模型无法解释细胞的生长、变形等现象

5. 科学家在实验中发现，脂溶性物质能够优先通过细胞膜，并且细胞膜会被溶解脂质的溶剂溶解，也会被蛋白酶分解，这些事实说明了组成细胞膜的物质中有（   ）
   A. 糖类和脂质　　　　　　　　B. 糖类和蛋白质
   C. 蛋白质和脂质　　　　　　　D. 蛋白质和核酸

6. 下列关于细胞膜的说法，错误的是（   ）
   A. 磷脂双分子层构成细胞膜的基本支架，具有流动性
   B. 构成细胞膜的蛋白质分子大多数是可以运动的
   C. 糖蛋白一般位于细胞膜的内侧
   D. 糖被位于细胞膜的外表面，与细胞表面的识别、细胞间的信息传递等功能有密切关系

7. 如图为细胞膜的流动镶嵌模型示意图，有关叙述错误的是（   ）

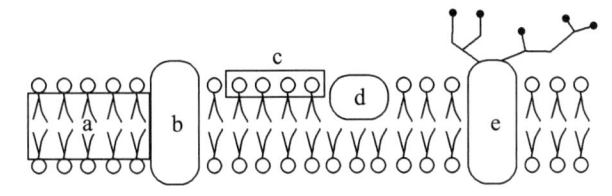

   A. a指磷脂分子的尾部，具有疏水性
   B. 蛋白质有多种分布方式，具有对称性
   C. c指磷脂分子的头部，具有亲水性
   D. 细胞膜的结构特点是具有一定的流动性

B 组题（应用检测）

8. 科学家测定不同细胞结构的成分如下表：

成分	心肌线粒体	红细胞细胞膜	大肠杆菌细胞膜	神经髓鞘
蛋白质（%）	76	60	75	22
总脂质（%）	24	40	25	78
其中：磷脂（%）	22	24	25	33
糖脂（%）	微量	微量	0	22
胆固醇（%）	1	9	0	17
其他脂类（%）	1	7	0	6

科学家进一步研究发现，神经髓鞘由于功能简单（主要起绝缘作用），其所含的蛋白质不仅含量少，且种类也只有三种。而心肌线粒体、红细胞、大肠杆菌细胞都因其承担着非常复杂的生理功能，它们的细胞膜中蛋白质的种类和数量都比较多。回答以下问题：

(1) 细胞膜的主要成分是什么？_____。

(2) 细胞膜的功能复杂程度与_____密切相关，功能越复杂的细胞膜，蛋白质的种类和数量_____。

(3) 糖脂主要参与细胞膜的信息交流。表中神经髓鞘的糖脂含量较高，而大肠杆菌细胞膜糖脂含量为零，分析导致这一差异的原因：_____。

9. 糖尿病的治疗引起了人们的强烈关注。其中Ⅰ型糖尿病是由于胰岛 B 细胞受损导致胰岛素分泌不足引起的。目前，靶向治疗为人们提供了一种新的思路，即可以将靶向药物用相应材料包裹运送至胰岛 B 细胞，唤醒胰岛 B 细胞，增强其分泌胰岛素的功能。假如你是一位医学研究专家，请你根据以上思路，设计一款材料作为药物的运载体，既能完美包裹药物，又能保证其运载的药物能特异性地作用于胰岛 B 细胞。

分课时 12、13　细胞器之间的分工合作

一、课时目标

1. 举例说出几种主要细胞器的功能。
2. 制作临时装片，用高倍显微镜观察叶绿体和细胞质的流动。
3. 通过学习分泌蛋白的合成和运输过程理解细胞器之间的协调配合，进而认识到细胞内的生物膜之间是紧密联系的。
4. 简述细胞的生物膜系统的组成和功能。
5. 用系统观分析细胞中部分与整体、结构与功能的统一性。

二、评价任务

1. 比较两个细胞图示，完成任务一中思考1-1～思考1-3。（检测课时目标1）
2. 进行实验操作，完成任务二中思考2-1、思考2-2。（检测课时目标2）
3. 阅读、观察图示，完成任务三中讨论、【建构模型1】、练习。（检测课时目标3）
4. 阅读、总结，完成任务四中思考4-1、思考4-2、【建构模型2】。（检测课时目标4）
5. 综合分析，完成任务四中思考4-3。（检测课时目标5）

三、学习经历

任务一：总结主要细胞器的功能。（指向课时目标1）

活动1. 阅读教材第47～49页，回答问题。

思考1-1：细胞质由_____和_____两部分组成。_____是活细胞进行新陈代谢（化学反应）的主要场所。分离各种细胞器的方法是_____。

思考1-2：填表。

细胞器	分布的细胞类型	双层膜/单层膜/无膜	具有的功能	与其功能相适应的特点
线粒体				
叶绿体				
内质网				
高尔基体				
液泡				
溶酶体				
核糖体				
中心体				

思考1-3：请利用结构与功能相统一的思想分析产生以下现象的原因。

1. 飞翔鸟类胸肌细胞中线粒体的数量比不飞翔鸟类的多。

2. 植物的根尖细胞无叶绿体，而叶肉细胞有叶绿体。

任务二：用高倍镜观察叶绿体和细胞质的流动。（指向课时目标2）

活动2. 根据教材第50页"探究·实践"中的"方法步骤"，分组完成实验操作，并回答问题。

思考2-1：观察叶绿体所用植物材料，如_____，观察过程中植物材料一直保持有水状态的原因是_____。你观察到的

叶绿体的颜色和形态是_____。你观察细胞质的流动时以_____为参照。

思考2-2：细胞质处于流动状态，对于活细胞完成生命活动有什么意义？靠近叶脉的细胞比离叶脉远的细胞中细胞质的流动速度更快，分析其原因。

_____

任务三：举例说明细胞器之间的协调配合。（指向课时目标3）

活动3. 阅读教材第51页"思考·讨论"中的实验和图解，回答问题。

讨论：分泌蛋白从合成至分泌到细胞外经过了哪些细胞器或细胞结构？该过程所需能量主要由什么结构提供？

_____

【建构模型1】建构分泌蛋白的合成和运输过程的物理模型，并标注各结构的名称和作用。（提示：可参考教材第52页图3-8来制作）

练习．实验中用 ^{35}S 标记一定量的氨基酸，来培养某哺乳动物的乳腺细胞，测得与合成和分泌乳蛋白相关的一些细胞器上放射性强度的变化曲线如图甲所示，在此过程中有关的生物膜面积的变化曲线如图乙所示。有关叙述不正确的是（　　）

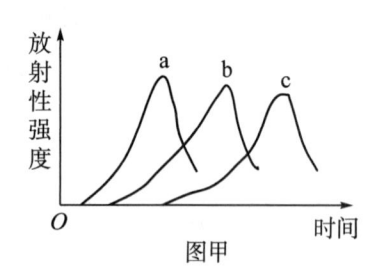

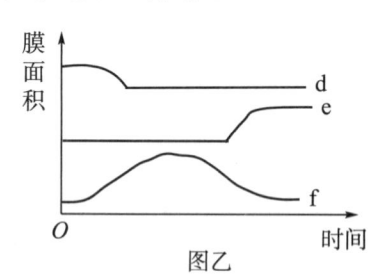

A. 图甲中a曲线所指的细胞结构是内质网
B. 图甲中c曲线所指的细胞结构是高尔基体
C. 图乙中f曲线表示的细胞结构是高尔基体
D. 图乙中d曲线表示的细胞结构是内质网

（小单元3）【小单元问题解决】胰岛B细胞接受靶向治疗药物后，如何产生和分泌胰岛素？（用文字和箭头来回答）（提示：从患者的胰岛B细胞如何接收药物信息、产生和分泌胰岛素等过程回答）

_____

任务四：探究细胞的生物膜系统，阐明细胞内的生物膜是一个统一的整体。（指向课时目标3和课时目标4）

活动4. 阅读教材第53页"图3-9　内质网膜与细胞膜、核膜的联系"，建构内质网膜与细胞膜、核膜之间联系的物理模型。

【建构模型2】建构内质网膜与细胞膜、核膜之间联系的物理模型。

思考 4-1：上述"内质网膜与细胞膜、核膜"之间的联系方式与分泌蛋白形成中"内质网膜、高尔基体膜、细胞膜"之间的联系方式有何异同？

思考 4-2：细胞的生物膜系统由什么组成？它在细胞的生命活动中具有哪些功能？

思考 4-3：从生物膜系统的角度，分析细胞中部分与整体、结构与功能的统一性。

学习评价

评价标准：

A$^+$级——积极思考与讨论，建构的模型科学规范，能准确回答上述问题。

A级——较积极地思考与讨论，在教师引导下能建构出正确的模型并回答上述问题。

B级——思考不够积极，不能完成模型建构，不能回答部分或较难的问题。

自我评价等级：（　　）　　教师评价：_____。

课后检测

A组题（概念检测）

1. 下列有关动、植物细胞结构的比较，错误的是（　　）
   A. 细胞膜、细胞质、细胞核是动、植物细胞共有的结构
   B. 液泡主要存在于植物细胞中，中心体存在于动物和某些低等植物细胞中
   C. 没有叶绿体的细胞一定不是植物细胞
   D. 植物细胞在细胞膜的外面还有一层细胞壁，而动物细胞没有

2. 下图为某细胞中分离到的几种细胞器模式简图，下列叙述错误的是（　　）

   甲　　　乙　　　丙　　　丁

   A. 动物细胞中都含甲，植物细胞中都含丙
   B. 乙和丁与分泌蛋白的加工和分泌密切相关
   C. 甲、乙、丙、丁膜上的蛋白质种类有差异

D. 脂质分子在丁中合成，需要甲提供能量

3. 下列关于细胞器的描述正确的是（　　）

①溶酶体内含有多种水解酶，能够使衰老、损伤的细胞"自溶"；②动、植物细胞都有两个互相垂直排列的中心粒；③用高倍镜观察叶绿体可以选用黑藻叶；④抗体、激素都在核糖体上合成；⑤腹肌细胞比骨骼肌细胞中线粒体数量多；⑥植物细胞形成细胞壁时需要较多的高尔基体；⑦乳酸菌需要线粒体提供能量

A. ②④⑦　　　　B. ④⑤⑦　　　　C. ①③⑥　　　　D. ①③⑦

4. 下列有关线粒体和叶绿体的叙述中，错误的是（　　）

①飞翔鸟类的胸肌细胞中，线粒体数量比不飞翔鸟类的多；②细胞生命活动所需能量全部由线粒体提供；③新生细胞含线粒体多于衰老细胞；④植物细胞都能进行光合作用；⑤组成绿叶的细胞都能进行光合作用，故光合作用是叶的主要功能；⑥细胞质中才有细胞骨架，线粒体中没有细胞骨架

A. ①②⑤　　　　B. ②④⑤⑥　　　C. ②③④　　　　D. ①③④⑥

5. 在观察临时装片中的黑藻叶片细胞的细胞质流动时发现：细胞质流动的速度太慢，难以观察。你认为下列措施中对加快细胞质流动速度最有效的方法是（　　）

A. 在载玻片上加一滴酸液，以增强刺激

B. 用一束适宜强度的光线照射

C. 将临时装片加火烘烤一下

D. 在载玻片上加一滴热水

6. 新生肽链由氨基酸脱水缩合合成时，往往第一个氨基酸是甲硫氨酸，但许多蛋白质如人血白蛋白的第一个氨基酸并不是甲硫氨酸，这是新生肽链经加工修饰的结果。加工修饰的场所是（　　）

A. 高尔基体和溶酶体　　　　　　B. 内质网和高尔基体

C. 内质网和核糖体　　　　　　　D. 溶酶体和核糖体

7. 下列有关生物膜结构和功能的叙述，错误的是（　　）

A. 生物膜的流动镶嵌模型属于物理模型

B. 生物膜的基本支架是蛋白质和磷脂双分子层

C. 生物膜上的大多数蛋白质分子和磷脂分子都是可以运动的

D. 生物膜既可以控制物质进出，也可以进行信息交流

8. "膜流"是指细胞的各种膜结构之间的联系和转移，下列有关叙述正确的是（　　）

A. 细胞吸水胀破属于"膜流"现象

B. 大肠杆菌和酵母菌均能发生"膜流"现象

C. 溶酶体内含有较多的水解酶，与"膜流"无关

D. "膜流"现象说明生物膜成分和结构相似

9. 研究发现，炎症和内质网的物质合成功能障碍有关。下列关于内质网的叙述，错误的是（　　）

A. 内质网膜的基本支架由磷脂分子和蛋白质分子共同构成

B. 游离的核糖体合成多肽链后会转移到粗面内质网上
C. 炎症的发生可能与内质网不能合成某些物质有关
D. 内质网可以与细胞膜、核膜相连，提供细胞内物质运输的通道

10. 据图回答下列问题。

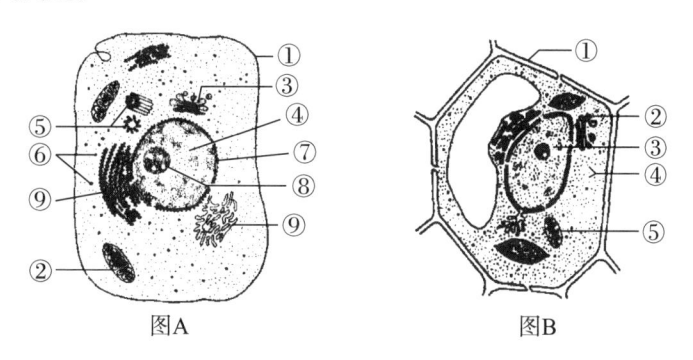

图A　　　　　图B

(1) 图 A 属于_____（填"植物"或"动物"）细胞，其主要依据是_____。

(2) 图 A 中③的功能是对来自［　］_____的蛋白质进行_____、_____和_____。

(3) 图 A 中⑥所指的是_____，它是细胞合成_____的场所。

(4) 图 B 中⑤是_____，它是细胞进行_____的主要场所。

(5) 图 B 中有三种细胞器未标上编号，请你用⑥、⑦、⑧分别标上，并写上它们的名称：［⑥］_____，［⑦］_____，［⑧］_____。

B 组题（应用检测）

11. 非酒精性脂肪肝病（NAFLD）是我国第一慢性肝病，其特点是过多的脂质以脂滴的形式存在于肝细胞中。研究发现肝细胞内存在脂质自噬的过程可以有效降解脂滴从而减少脂质的堆积。图 1 表示动物细胞内某些蛋白质的加工、分拣和运输过程，其中甲、乙、丙代表细胞结构，COPⅠ和 COPⅡ代表两种囊泡。图 2 表示脂质自噬的方式及过程。据图回答：

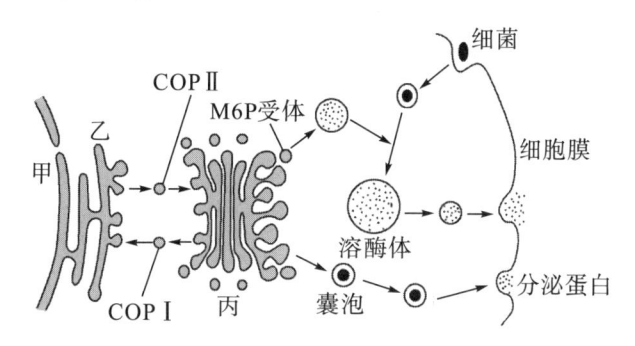

图1

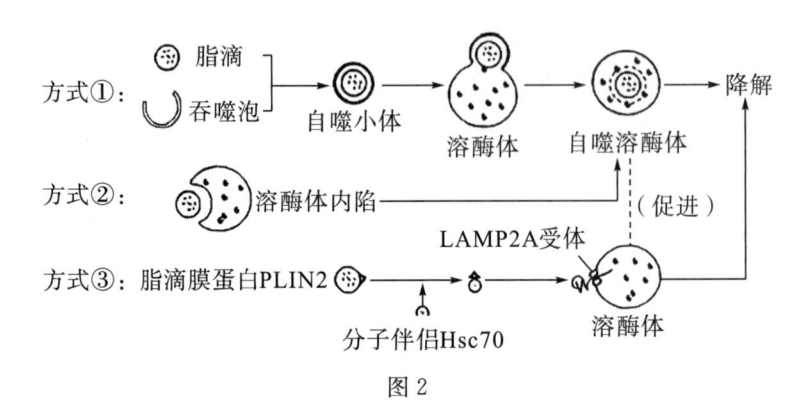

```
方式①:  脂滴
         吞噬泡  →  自噬小体  →  ⊕  →  ⊕  → 降解
                              溶酶体    自噬溶酶体
方式②:    ⊙ 溶酶体内陷                  ↑(促进)
                        LAMP2A受体
方式③: 脂滴膜蛋白PLIN2    ↓      ↘
                 分子伴侣Hsc70       溶酶体
                    图2
```

(1) 图1中能产生囊泡的结构有_____。若定位在乙中的某些蛋白质偶然掺入丙中，则图中的_____可以帮助实现这些蛋白质的回收。经乙加工的蛋白质进入丙后，能被丙膜上的M6P受体识别的蛋白质经膜包裹形成囊泡，转化为溶酶体。若M6P受体合成受限，会使溶酶体水解酶在_____（填名称）内积累。

(2) 溶酶体内含的酸性脂解酶具有降解脂滴的作用。酸性脂解酶的合成场所是_____，由氨基酸发生_____反应形成肽链，随后肽链经内质网、高尔基体加工修饰成酸性脂解酶，最后"转移"至溶酶体中。

(3) 图2中方式①和②中自噬溶酶体形成的结构基础是生物膜具有_____。方式③中脂滴膜蛋白PLIN2经分子伴侣Hsc70识别后才可与溶酶体膜上的LAMP2A受体结合进入溶酶体发生降解，推测该自噬方式具有一定的_____性。方式③有助于自噬溶酶体的形成，据此推测PLIN2蛋白具有_____（填"促进"或"抑制"）脂质自噬的作用。

(4) 研究表明，溶酶体内是一个相对独立的空间，其内的pH为5左右，而细胞质基质的pH约为7.2，若有少量溶酶体酶进入细胞质基质_____（填"会"或"不会"）引起细胞损伤。

12. 正常细胞中进入内质网的蛋白质含有信号序列，没有进入内质网的蛋白质不含信号序列。科研小组除去内质网蛋白的信号序列后，将信号序列和细胞质基质蛋白重组，重组前和重组后蛋白质在细胞中的分布如下图所示。请回答下列问题：

```
   细胞质基质蛋白              除去信号序列的内质网蛋白
   （无信号序列）

      内质网                        内质网

   内质网蛋白  信号序列        有信号序列的细胞质基质蛋白
        重组前                           重组后
```

（1）根据图示结构可知，核糖体上合成的蛋白质能否进入内质网取决于_____，该实验说明信号序列对所引导的蛋白质_____（填"有"或"没有"）特异性。

（2）在真核细胞中，参与分泌蛋白的合成和运输的过程相关的具膜细胞器有_____。研究发现，核糖体合成的分泌蛋白有信号序列，而从内质网输出的蛋白质不含信号序列，推测其原因可能是_____。分泌蛋白能通过囊泡运输的方式分泌到细胞外，这体现了细胞膜的_____的功能。

（3）葡萄糖激酶在葡萄糖转化为丙酮酸的过程中具有重要的催化功能。在核糖体上合成的葡萄糖激酶没有信号序列，则细胞中葡萄糖激酶分布的场所是_____。

分课时 14　细胞核的结构和功能

一、课时目标

1. 通过对美西螈核移植、变形虫切割及伞藻的嫁接和核移植等实验的分析，阐明细胞核的功能。
2. 阅读细胞核的结构模式图，阐明细胞核的结构与功能的关系，认同细胞核是细胞的控制中心。
3. 根据对细胞局部与整体的认识，认同细胞是一个统一的整体，是生物体结构、代谢和遗传的基本单位。
4. 尝试制作真核细胞的三维结构模型，体验建构物理模型的方法。

二、评价任务

1. 分析实验，完成任务一中讨论 1～讨论 5、总结。（检测课时目标 1）
2. 观察图示，完成任务二中活动 2、练习、思考 2-1。（检测课时目标 2）
3. 联想、概括，完成任务三中思考 3-1。（检测课时目标 3）
4. 完成任务四，建构细胞的三维结构模型。（检测课时目标 4）

三、学习经历

任务一：探究细胞核的功能。（指向课时目标 1）

活动 1. 阅读教材第 54 页和第 55 页"思考·讨论"中资料 1～资料 4，完成下列讨论（同教材第 55 页讨论 1～5 题）、总结。

讨论 1：美西螈核移植实验说明，美西螈的肤色遗传由_____控制。

讨论 2：蝾螈受精卵横缢实验说明：_____控制着蝾螈细胞的分裂和分化。

讨论 3：变形虫的切割实验说明：_____与变形虫生命活动（代谢、运动等）密切相关。

讨论4：资料4说明伞藻的形态结构特点取决于_____。

讨论5：教材第54页"问题探讨"中，克隆牛的细胞核来源于为重组细胞提供_____的母牛。这说明生物体性状的遗传主要由_____（细胞核还是细胞质）决定。

总结：细胞核的功能是_____。

任务二：阐明细胞核的结构。（指向课时目标2）

活动2. 观察细胞核结构模式图，填空回答细胞核各部分结构的名称及作用。

A 是_____，有_____层膜，把_____和_____分开。

B 是_____，主要由_____和_____组成。

C 是_____，与某种 RNA 的合成以及_____（细胞器）的形成有关。

D 是_____，实现核质之间的_____交换和_____交流。

练习. 以下关于细胞核的叙述中，正确的是（　　）

A. 核膜为双层膜，外膜的外表面附着有很多核糖体

B. 在不同的细胞内，核仁的大小是一定的

C. 细胞核是细胞的代谢中心

D. 核孔是包括 DNA 在内的高分子物质任意通过的通道

思考2-1：从结构与功能相适应的角度，解释细胞核是细胞代谢和遗传的控制中心的原因。

_____

任务三：阐明细胞是一个统一的整体。（指向课时目标3）

思考3-1：从细胞各结构之间的联系、功能上的联系、各组分之间的调控、与外界的联系等方面说明细胞是一个统一的整体。

_____

学习评价

评价标准：

A⁺级——积极分析、讨论，仔细观察模式图，能准确回答上述问题。

A级——较积极地分析、讨论和观察模式图，在教师引导下能正确回答上述问题。

B级——思考不够积极，不能回答部分或较难的问题。

自我评价等级：（　　）　　教师评价：_____。

任务四：完成教材第 57 页"探究·实践"：利用简易材料制作基本的生命系统（一个动物细胞或植物细胞）的三维结构模型。（检测课时目标 4）

学习评价

评价标准（动物细胞或植物细胞的三维结构模型）：
　　科学性：各结构比例大小、形态、分布正确（45 分）；精美度（30 分）；创意性：材料具有创意性、主题性、环保性（20 分）；富有层次感（5 分）。
　　A$^+$级——85~100 分。
　　A 级——75~84 分。
　　B 级——65~74 分。
　　自我评价等级：（　　）　　教师评价：＿＿＿＿＿＿＿＿＿＿。

课后检测

A 组题（概念检测）

1. 从母牛甲的体细胞中取出细胞核，注入母牛乙的去核卵细胞，融合后的细胞经卵裂形成早期胚胎，将胚胎植入母牛丙的子宫内。出生小牛的各种性状大多像（　　）

　　A. 甲　　　　　　B. 乙　　　　　　C. 丙　　　　　　D. 甲和丙

2. 如图所示为再生能力很强的原生动物喇叭虫，把它切成①②③三截，能再生成喇叭虫的是（图中 a：纤毛；b：细胞核；c：根部）（　　）

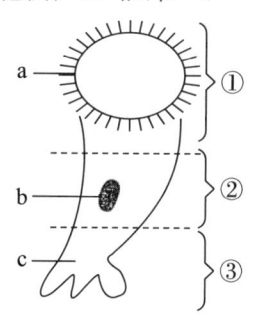

　　A. ①　　　　　　B. ②　　　　　　C. ③　　　　　　D. ①②③

3. 下列关于细胞核结构与功能的统一性的叙述，正确的是（　　）

　　A. 真核细胞核膜上有核孔，DNA 等大分子物质可以通过核孔进入细胞质
　　B. 原核细胞的核膜也具有两层膜，有利于控制物质的进出
　　C. 核仁中的 DNA 控制着细胞代谢
　　D. 染色质上的 DNA 储存着大量的遗传信息

4. 染色体的主要化学成分是（　　）

　　A. DNA 和 RNA　　　　　　　　　B. DNA 和蛋白质

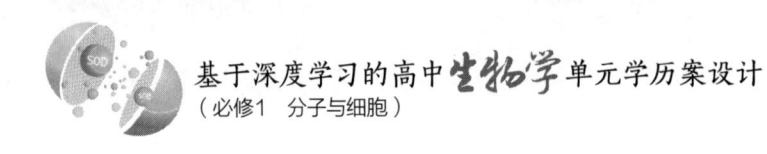

  C. RNA 和蛋白质   D. 蛋白质和脂质

5. 细胞核内行使遗传功能的是（ ）

  A. 核膜   B. 核孔   C. 染色质   D. 核仁

6. 下列结构中的 DNA 能形成染色体的是（ ）

  A. 某些病毒体内的 DNA

  B. 受精卵细胞核内的 DNA

  C. 硝化细菌和蓝细菌体内的 DNA

  D. 叶绿体与线粒体中的 DNA

7. 细胞核控制着细胞的代谢和遗传的主要原因是（ ）

  A. 细胞核一般位于细胞的中央

  B. 细胞核中的 DNA 储存着遗传信息

  C. 核膜把核内物质与细胞质分开

  D. 核孔实现核质之间的物质交换

8. 在高等植物细胞中合成淀粉、淀粉酶及控制淀粉酶形成的物质存在的场所分别是（ ）。

  A. 线粒体、叶绿体、细胞核

  B. 叶绿体、核糖体、细胞核

  C. 叶绿体、高尔基体、核糖体

  D. 高尔基体、核糖体、细胞核

9. 列关于细胞结构和功能的叙述，错误的是（ ）

  A. 性激素主要是由内质网上的核糖体合成的

  B. 囊泡可以由内质网向高尔基体转运

  C. 膜蛋白的形成与核糖体、内质网、高尔基体有关

  D. 内质网既参与物质合成，也参与物质运输

10. 细胞能够正常地完成各项生命活动的前提是（ ）

  A. 细胞核内有遗传物质   B. 细胞保持完整的结构

  C. 细胞膜的流动性   D. 线粒体提供能量

B 组题（应用检测）

11. 人的红细胞和精子的寿命都比较短，从细胞结构考虑，这一事实说明了（ ）

  A. 环境因素的影响   B. 功能决定寿命的长短

  C. 细胞核和细胞质相互依存   D. 核遗传决定细胞寿命

12. 已知某亲核蛋白主体结构分为头部和尾部，该亲核蛋白可能通过核孔进入细胞核。请你利用下列材料设计一个实验，探究亲核蛋白进入细胞核是由头部和尾部决定的。

  材料：亲核蛋白被放射性标记的头部、亲核蛋白被放射性标记的尾部、头尾均被标记的完整亲核蛋白、显微注射仪、非洲爪蟾卵母细胞若干、相应检测仪器。

头部
尾部

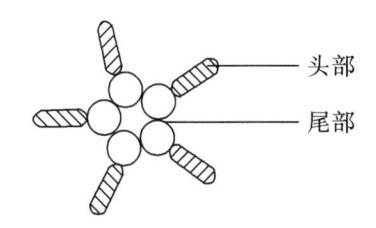

步骤：

①将非洲爪蟾卵母细胞分为 A、B、C 三组。

②A 组注射亲核蛋白被放射性标记的头部到细胞质，B 组注射_____到细胞质。C 组注射_____到细胞质，作为对照组。

③一段时间后，重点检测_____（填写结构名称）中是否有放射性物质变化。

结果分析：若只有_____（填"A"或"B"）组结果与 C 组相同，则说明亲核蛋白进入细胞核，只和尾部结构有关。

第二主题单元学历案

单元主题：细胞的生命活动依赖于物质代谢和能量代谢。
生命观念：生命的物质与能量观。
课标要求：大概念2. 细胞的生存需要能量和营养物质。
参考教材：人教社2019年版《普通高中教科书 生物学 必修1 分子与细胞》。
设计者：龙显莉、李金香、赵焱坤。

Ⅰ. 单元总览学历案

第二主题单元
检测卷及答案

1. 问题挑战

单元情景：浓香型白酒通常以高粱、大米、糯米、小麦、玉米等粮食为生产原料，先后经过酵母菌细胞的淀粉糖化、酒精发酵阶段，再勾调、增香而成。通过腺嘌呤核苷三磷酸（ATP）快速检测仪测量酿造食品中ATP的含量可以判断其是否存在微生物污染，以帮助企业提高食品安全水平。而来自生态农场的粮食原料，则实现了工业生产原料与农业对接的工农联动发展产业模式。

单元问题：结合单元情景图（下图），对于工业酿酒与农业粮食生产相结合的产业，如何从细胞物质代谢和能量代谢的角度提出实现产业双边增产的措施？（提示：从工业酿酒与作物种植、养猪场之间的物质、能量利用关系作答）

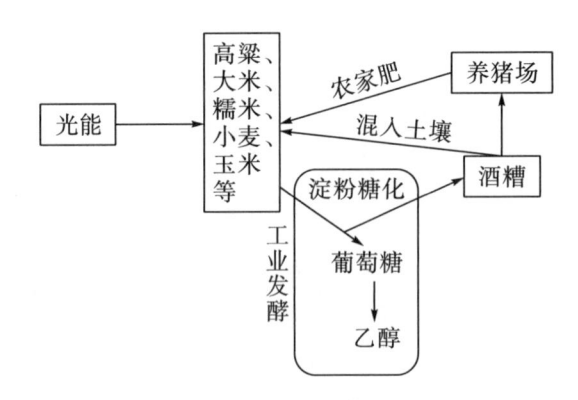

工农联动发展产业模式

2. 问题分解与小单元规划

单元问题	问题分解——小单元问题	小单元	学习内容	课时数
对于工业酿酒与农业粮食生产相结合的产业，如何从细胞物质代谢和能量代谢的角度提出实现产业双边增产的措施？	高粱、小麦等农作物的细胞如何从外界环境中获取营养物质？	小单元1：细胞是时刻与环境进行物质交换的开放系统	被动运输	2
			主动运输与胞吞、胞吐	1
	酵母菌细胞的发酵等代谢反应能快速、有序地进行，所依赖的催化剂和能量供应机制是什么？	小单元2：细胞代谢的快速有序依赖于生物催化剂和能量"货币"	降低化学反应活化能的酶	3
			细胞的能量"货币"——ATP	1
	如何从细胞物质代谢和能量代谢的角度提出使农作物增产的措施？	小单元3：细胞呼吸和光合作用是细胞最基本的物质代谢和能量代谢	细胞呼吸的原理和应用	2
			光合作用与能量转化	4

3. 单元目标

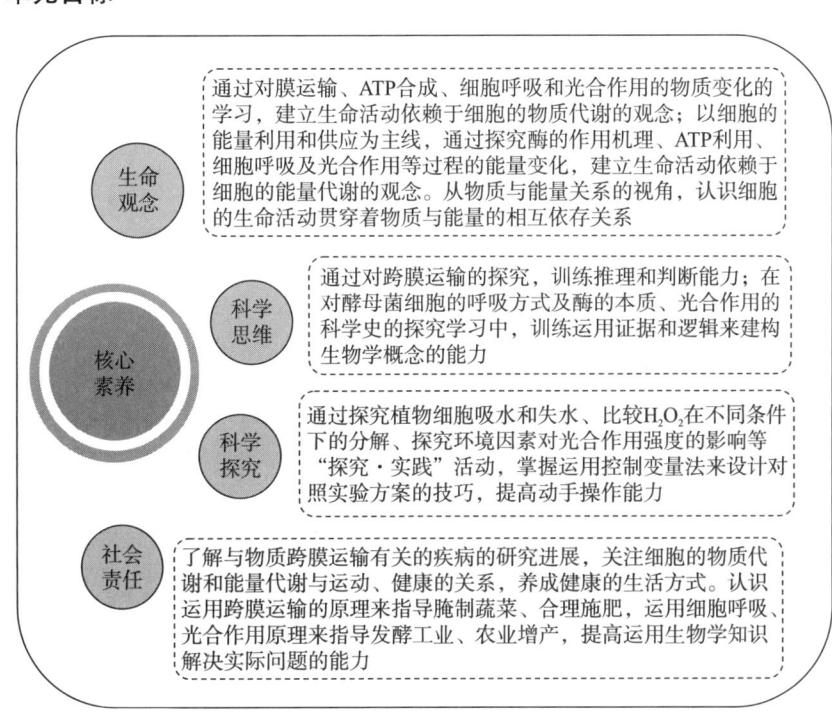

核心素养：

- **生命观念**：通过对膜运输、ATP合成、细胞呼吸和光合作用的物质变化的学习，建立生命活动依赖于细胞的物质代谢的观念；以细胞的能量利用和供应为主线，通过探究酶的作用机理、ATP利用、细胞呼吸及光合作用等过程的能量变化，建立生命活动依赖于细胞的能量代谢的观念。从物质与能量关系的视角，认识细胞的生命活动贯穿着物质与能量的相互依存关系

- **科学思维**：通过对跨膜运输的探究，训练推理和判断能力；在对酵母菌细胞的呼吸方式及酶的本质、光合作用的科学史的探究学习中，训练运用证据和逻辑来建构生物学概念的能力

- **科学探究**：通过探究植物细胞吸水和失水、比较H_2O_2在不同条件下的分解、探究环境因素对光合作用强度的影响等"探究·实践"活动，掌握运用控制变量法来设计对照实验方案的技巧，提高动手操作能力

- **社会责任**：了解与物质跨膜运输有关的疾病的研究进展，关注细胞的物质代谢和能量代谢与运动、健康的关系，养成健康的生活方式。认识运用跨膜运输的原理来指导腌制蔬菜、合理施肥，运用细胞呼吸、光合作用原理来指导发酵工业、农业增产，提高运用生物学知识解决实际问题的能力

4. 学情分析

前备知识：学生在初中阶段已学习了植物细胞失水和吸水、消化酶的作用、呼吸作用及光合作用的大致过程，这为学生学习本单元内容奠定了基础。

新知挑战：在学习酶的作用机理、细胞内的能量变化时可能会感到很抽象；在学习ATP、细胞呼吸和光合作用时可能缺乏相应的感性经验，另外还会遇到一些陌生的有机分子式和反应式；在设计探究实验方案时可能会有一定困难。

5. 学习支招

课前，浏览"单元总览学历案"，纵观单元整体学习任务。利用学历案中"创设情

景—科学探究—归纳总结—模型建构"的学习思路,帮助学生完成概念的构建,训练科学思维。课中,通过讨论、合作探究等完成本单元教材中的7个"探究·实践"任务,提升对照实验方案设计能力。同时,教师还会引入必要的化学知识,帮助学生对与细胞呼吸、光合作用有关的有机化学增加一些感性认识。课后,再完成本书中的课后检测题、单元检测题(本书所附电子资源),学会知识迁移和解决生产生活中的实际问题。

6. 单元概览

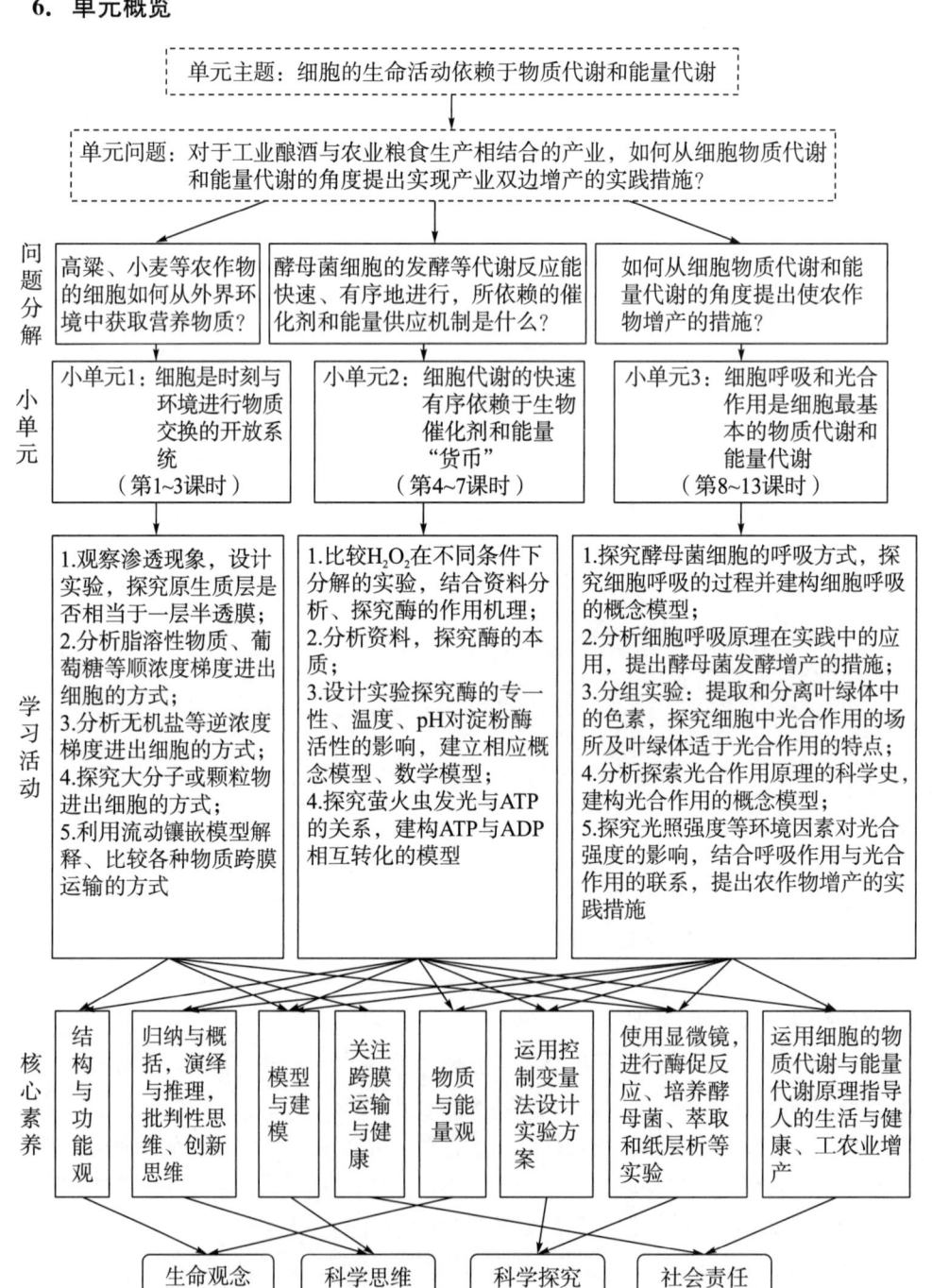

单元主题:细胞的生命活动依赖于物质代谢和能量代谢

单元问题:对于工业酿酒与农业粮食生产相结合的产业,如何从细胞物质代谢和能量代谢的角度提出实现产业双边增产的实践措施?

问题分解:
- 高粱、小麦等农作物的细胞如何从外界环境中获取营养物质?
- 酵母菌细胞的发酵等代谢反应能快速、有序地进行,所依赖的催化剂和能量供应机制是什么?
- 如何从细胞物质代谢和能量代谢的角度提出使农作物增产的措施?

小单元:
- 小单元1:细胞是时刻与环境进行物质交换的开放系统(第1~3课时)
- 小单元2:细胞代谢的快速有序依赖于生物催化剂和能量"货币"(第4~7课时)
- 小单元3:细胞呼吸和光合作用是细胞最基本的物质代谢和能量代谢(第8~13课时)

学习活动:

小单元1:
1. 观察渗透现象,设计实验,探究原生质层是否相当于一层半透膜;
2. 分析脂溶性物质、葡萄糖等顺浓度梯度进出细胞的方式;
3. 分析无机盐等逆浓度梯度进出细胞的方式;
4. 探究大分子或颗粒物进出细胞的方式;
5. 利用流动镶嵌模型解释、比较各种物质跨膜运输的方式

小单元2:
1. 比较H_2O_2在不同条件下分解的实验,结合资料分析、探究酶的作用机理;
2. 分析资料,探究酶的本质;
3. 设计实验探究酶的专一性、温度、pH对淀粉酶活性的影响,建立相应概念模型、数学模型;
4. 探究萤火虫发光与ATP的关系,建构ATP与ADP相互转化的模型

小单元3:
1. 探究酵母菌细胞的呼吸方式,探究细胞呼吸的过程并建构细胞呼吸的概念模型;
2. 分析细胞呼吸原理在实践中的应用,提出酵母菌发酵增产的措施;
3. 分组实验:提取和分离叶绿体中的色素,探究细胞中光合作用的场所及叶绿体适于光合作用的特点;
4. 分析探索光合作用原理的科学史,建构光合作用的概念模型;
5. 探究光照强度等环境因素对光合强度的影响,结合呼吸作用与光合作用的联系,提出农作物增产的实践措施

核心素养:
- 结构与功能观
- 归纳与概括,演绎与推理,批判性思维、创新思维
- 模型与建模
- 关注跨膜运输与健康
- 物质与能量观
- 运用控制变量法设计实验方案
- 使用显微镜,进行酶促反应、培养酵母菌、萃取和纸层析等实验
- 运用细胞的物质代谢与能量代谢原理指导人的生活与健康、工农业增产

→ 生命观念、科学思维、科学探究、社会责任

Ⅱ．分课时学历案

小单元 1 细胞是时刻与环境进行物质交换的开放系统（分课时 1~3）

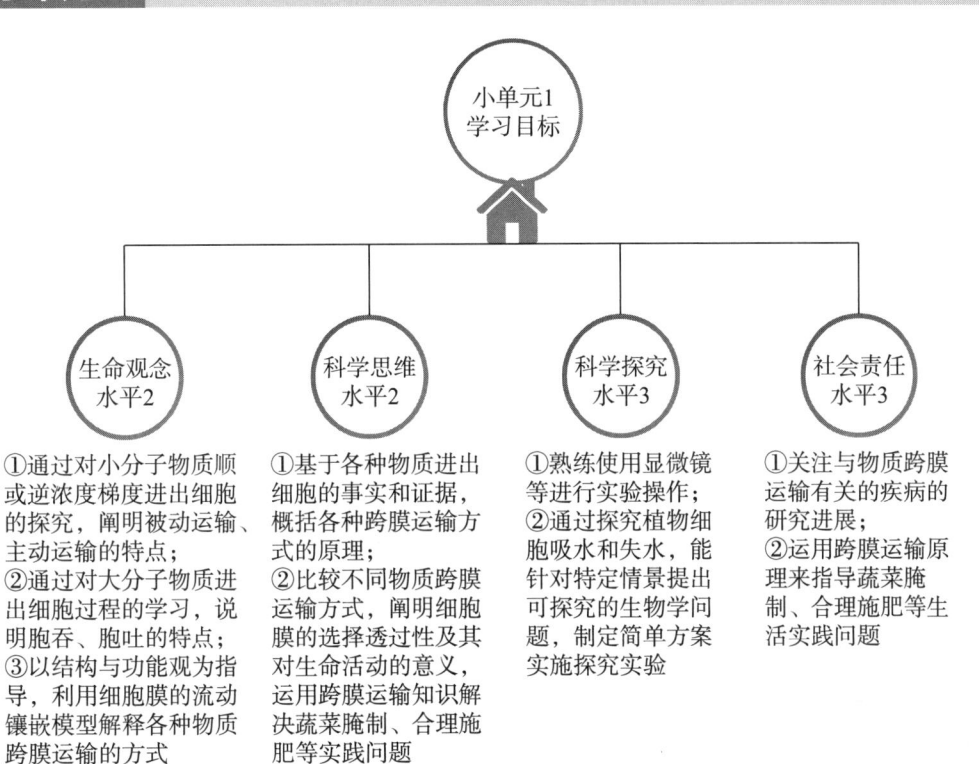

小单元1
学习目标

生命观念 水平2
①通过对小分子物质顺或逆浓度梯度进出细胞的探究，阐明被动运输、主动运输的特点；
②通过对大分子物质进出细胞过程的学习，说明胞吞、胞吐的特点；
③以结构与功能观为指导，利用细胞膜的流动镶嵌模型解释各种物质跨膜运输的方式

科学思维 水平2
①基于各种物质进出细胞的事实和证据，概括各种跨膜运输方式的原理；
②比较不同物质跨膜运输方式，阐明细胞膜的选择透过性及其对生命活动的意义，运用跨膜运输知识解决蔬菜腌制、合理施肥等实践问题

科学探究 水平3
①熟练使用显微镜等进行实验操作；
②通过探究植物细胞吸水和失水，能针对特定情景提出可探究的生物学问题，制定简单方案实施探究实验

社会责任 水平3
①关注与物质跨膜运输有关的疾病的研究进展；
②运用跨膜运输原理来指导蔬菜腌制、合理施肥等生活实践问题

分课时1 被动运输（一）：细胞的渗透吸水和失水

一、课时目标

1. 通过观察渗透现象，概括渗透作用的条件。
2. 通过探究水进出动、植物细胞的实验，体验科学探究的一般方法，并基于实验证据总结细胞吸水和失水的原理，以及运用该原理解决实际生活中的相关问题。

二、评价任务

1. 观察、分析演示实验，完成任务一中思考 1-1~思考 1-3。（检测学习目标 1）
2. 观察装片，完成任务二中讨论 1、练习 1。（检测学习目标 2）
3. 设计实验方案、进行实验操作，完成任务三中温故、活动 2 的问题、讨论 2、练习 2。（检测学习目标 2）

三、学习经历

任务一：分析渗透现象，概括渗透作用的概念和条件。（指向学习目标 1）
活动 1. 观察渗透现象的演示实验，回答问题。
思考 1－1：漏斗管内的液面为什么会上升？

___

思考 1－2：在渗透作用过程中半透膜两侧的水分子是否都在向对侧扩散？

___

思考 1－3：若半透膜两侧均为等浓度的蔗糖溶液，或者将半透膜换成纱布，渗透现象还会发生吗？请据此归纳渗透现象发生的两个条件。

___

任务二：推理水进出哺乳动物红细胞的原理。（指向学习目标 2）
实验：在显微镜下观察哺乳动物的红细胞分别放入蒸馏水、质量分数为 9% 的氯化钠溶液、生理盐水中（或观察教材第 63 页"图 4－1 水进出哺乳动物红细胞的示意图"）所发生的变化。
讨论 1：实验中的细胞会发生渗透吸水或失水的现象吗？如果是渗透作用，半透膜是什么？半透膜内外的溶液分别是什么？

___

练习 1. 临床上输液为什么要使用生理盐水？

___

任务三：探究植物细胞的失水和吸水。（指向学习目标 2）
温故：请画出一个植物细胞并标注出原生质层。

活动 2. 运用假说—演绎法探究植物细胞的失水和吸水。
观察现象：萝卜泡在水中变硬挺，农作物施肥过多会"烧苗"。
提出问题：_____？
作出假设：_____。
设计实验方案：
实验思路：请小组讨论、回答实验设计有关问题。
（1）如果假设是正确的，当外界溶液浓度高于细胞液浓度时，细胞就会_____；当外界溶液浓度低于细胞液浓度时，细胞就会_____。
（2）如何提高或降低细胞外液的浓度？

___

（3）如何看到细胞？需要用到什么材料和器具？

___

(4) 预测实验结果及可能的结论。

①若洋葱鳞片叶表皮细胞放入蔗糖溶液中后，中央液泡逐渐变_____，原生质层与细胞壁_____，细胞体积大小_____；一定时间后，再将其放入清水中，中央液泡逐渐变_____，原生质层与细胞壁_____，细胞体积大小_____。则说明成熟植物细胞能发生渗透作用，即原生质层相当于一层半透膜。

②若洋葱鳞片叶表皮细胞放入蔗糖溶液中后没发生上述变化，假设_____。

进行实验，记录结果：按照自己设计的实验步骤（或教材第 64 页"参考案例"）进行实验，并将实验结果填入教材第 64 页的表格。

分析结果，得出结论：_____

_____

讨论 2. 质壁分离和复原的原因是什么？
_____

练习 2. 将形状、大小相同的红心萝卜 A 和红心萝卜 B 切条，各 5 段，分别放在不同浓度的蔗糖溶液（甲～戊）中，一段时间后，取出红心萝卜切条称重，结果如图所示，据图分析：

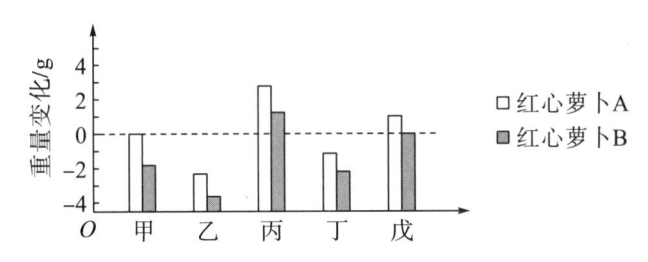

①红心萝卜 A 比红心萝卜 B 的细胞液浓度_____。

②在甲蔗糖溶液中加入适量的清水，一段时间后红心萝卜 A 的细胞液浓度会_____。

学习评价

评价标准：

A⁺级——认真观察、分析实验现象，讨论积极，能科学推断红细胞的形态变化，设计和实施探究植物细胞失水和吸水的实验并得出结论。

A级——较认真地观察和分析讨论，在教师引导下能推断红细胞的形态变化，设计和实施探究植物细胞失水和吸水的实验并得出结论。

B级——观察、分析讨论不够积极，推断红细胞的形态变化、设计和实施探究植物细胞失水和吸水的实验存在困难。

自我评价等级：（   ）   教师评价：_____。

课后检测

A 组题（概念检测）

1. 当外界溶液浓度大于细胞液浓度时，植物细胞会发生质壁分离现象。质壁分离是指（　　）
   A. 细胞壁与原生质层之间发生分离
   B. 细胞壁与细胞质之间发生分离
   C. 细胞膜与细胞质之间发生分离
   D. 细胞壁与原生质之间发生分离

2. 植物细胞能发生质壁分离的原因包括（　　）
   ①外界溶液浓度小于细胞液浓度　②细胞液浓度小于外界溶液浓度　③细胞壁的伸缩性大于原生质层的伸缩性　④原生质层的伸缩性大于细胞壁的伸缩性
   A. ①④　　　　B. ②④　　　　C. ②③　　　　D. ③④

3. 农作物施用化肥后要及时浇水，合理的解释是（　　）
   A. 降低土壤溶液的浓度，避免出现"烧苗"现象
   B. 化肥溶于水后会随水均匀分布于整个地块，避免施肥不均
   C. 浇水可促进根系对化肥的吸收
   D. 使化肥溶于水后随水一同进入根细胞

4. 将某一洋葱鳞片叶放在某一浓度的蔗糖溶液中，制成装片，放在显微镜下观察，有 3 种状态的细胞，如图所示。请据图回答下列问题。

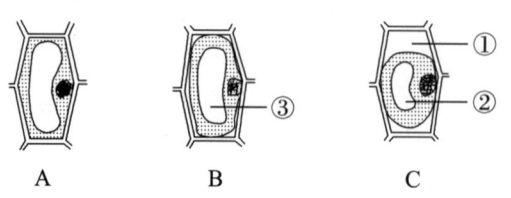

   （1）B 细胞处于何种生理状态？_____。
   （2）这 3 个细胞在未发生上述情况之前吸水能力的大小关系是_____。
   （3）图中标号①中的物质是_____。
   （4）假设将洋葱鳞片叶表皮细胞制成装片并使之处于高渗溶液中而发生质壁分离，用显微镜观察一个细胞的质壁分离发生过程，发现该细胞形态的变化顺序是_____（用图中字母表示）。
   （5）若上述 3 幅图是同一细胞在不同浓度的外界溶液中发生的现象，则这 3 种外界溶液浓度的大小关系是_____。

B 组题（应用检测）

5. 半透膜对淀粉和葡萄糖的通透性不同（如图 1 所示），图 2 设计的是证明图 1 物质扩散成立的实验装置。下列有关叙述正确的是（　　）

淀粉 →
葡萄糖 →

半透膜

图1

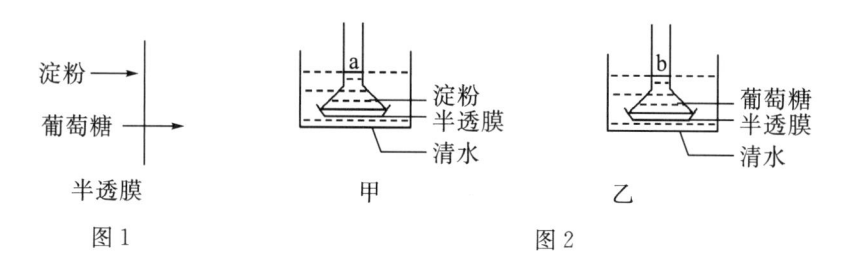

图2 甲：a／淀粉／半透膜／清水　乙：b／葡萄糖／半透膜／清水

A. 图中甲的水柱 a 将持续上升　　　B. 图中甲的水柱 a 将保持不变
C. 图中乙的水柱 b 将保持不变　　　D. 图中乙的水柱 b 将先上升后下降

6. 花农在栽培花卉的过程中将植物根系置于纯水中保鲜。当向水中加入适量的无机营养盐时，植物会暂时萎蔫，但经过数小时后又会恢复正常。产生上述现象的原因是什么？若一次性放入的无机营养盐过多，植物可能会怎样？

_____
_____
_____

7. 为了探究浸泡时间对紫色洋葱鳞片叶表皮细胞质壁分离的影响，某学校生物兴趣小组按照以下步骤进行了实验。请分析并回答问题。

①取一定浓度的蔗糖溶液各 10 mL，分别加到培养皿中，盖上皿盖。
②从洋葱鳞片叶相同部位撕取 3 mm² 的外表皮若干，迅速分别投入装有蔗糖溶液的培养皿中，使其完全浸入，浸泡时间分别是 2 min、4 min、6 min、8 min、10 min、12 min、14 min。
③从 1 号培养皿开始，依次取出紫色洋葱鳞片叶外表皮，放在干燥的载玻片上，盖上盖玻片，制成临时装片。
④将装片置于显微镜下观察，找到合适的视野拍照保留实验现象。
⑤在照片中计数视野内的总细胞个数及质壁分离细胞个数，计算质壁分离细胞所占比例，记录实验数据，并绘制如图所示曲线。

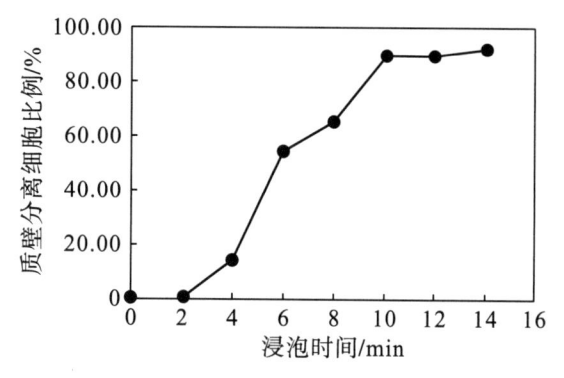

(1) 该实验中使用紫色洋葱鳞片叶外表皮细胞作为实验材料的好处是_____，使用的蔗糖溶液浓度不宜太高，原因是_____；蔗糖溶液浓度也不宜太低，原因是_____。
(2) 实验步骤③中，不将洋葱鳞片叶外表皮置于清水中的原因是_____

_____，也不将洋葱鳞片叶外表皮置于相应浓度的蔗糖溶液中的原因是_____。

（3）根据实验结果，观察植物细胞质壁分离现象的课堂实验最佳的浸泡时间是_____。

8. 若要测定某紫色洋葱鳞片叶表皮细胞的细胞液浓度，请书写实验思路：_____
_____
_____

分课时2　被动运输（二）：自由扩散和协助扩散

一、课时目标

1. 利用图文资料总结出其他小分子、无机盐等物质进出细胞的方式及意义，阐明细胞膜具有选择透过性，认同细胞膜的生命性。

2. 比较两种被动运输方式的异同，能在具体的情境中判断物质出入细胞的方式。

二、评价任务

1. 阅读、观察图示，完成任务一中思考1-1~思考1-3。（检测课时目标1）

2. 比较、归纳，完成任务二中思考2-1、思考2-2、练习1、练习2。（检测课时目标2）

三、学习经历

任务一：理解两种被动运输的方式。（指向课时目标1）

活动1. 阅读教材第66~67页"自由扩散和协助扩散"的内容，回答问题。

思考1-1：小分子物质如水、氧气、甘油等进出细胞的方式是什么？其运输方向是顺浓度梯度还是逆浓度梯度？是否需要细胞代谢产生的能量？

活动2. 观察下图，分析水通道蛋白的作用、血浆中的葡萄糖进入红细胞的方式。

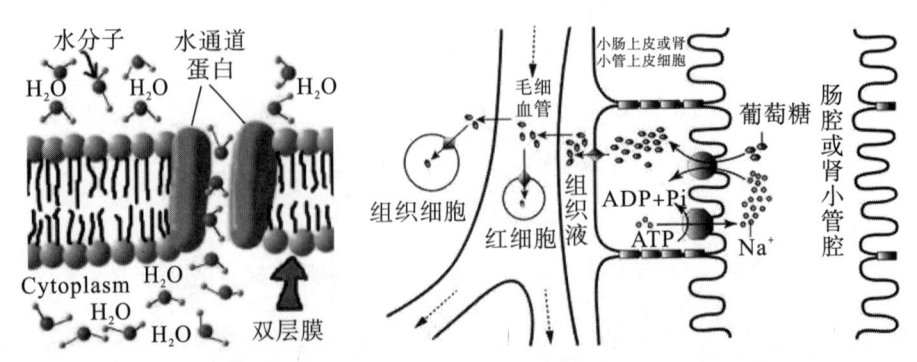

思考1-2：物质通过通道蛋白或载体顺浓度梯度进出细胞的方式叫作什么？请归

纳出此种运输方式的特点。

思考1-3：根据物理扩散原理，不需要细胞代谢产生的能量的跨膜运输方式属于主动还是被动运输？归纳被动运输的特点。

任务二：比较两种不同的被动运输方式，并在具体的情境中加以判断和应用。（指向课时目标2）

思考2-1：自由扩散和协助扩散的不同点是＿＿＿＿＿＿＿＿＿＿＿＿＿＿＿＿＿＿，相同点是＿＿＿＿＿＿＿＿＿＿＿＿＿＿＿＿＿＿。

思考2-2：根据被动运输的特点，推测影响其运输速率的因素（答出两种即可）：＿＿＿＿＿＿＿＿＿＿＿＿＿＿＿＿＿＿＿＿。

练习1. 甲、乙两种物质分别以自由扩散和协助扩散进入细胞，如果以人工合成的无蛋白质的磷脂双分子膜代替细胞膜，并维持其他条件不变，则（　　）

A. 甲物质的运输被促进　　　B. 乙物质的运输被促进
C. 甲物质的运输被抑制　　　D. 乙物质的运输被抑制

练习2. 当人工合成的无蛋白质的磷脂双分子膜两侧的K^+存在浓度差，且K^+不能通过该人工膜。在人工膜中加入少量缬氨霉素后，K^+即可从高浓度一侧通过该膜到达低浓度一侧，其他离子则不能通过，由此推测缬氨霉素的化学本质是＿＿＿＿。

学习评价

评价标准：

A^+级——积极思考与讨论，能从实例中归纳出自由扩散、协助扩散、被动运输的特点，能在相应的情境中正确判断两种被动运输方式。

A级——能较积极地思考与讨论，在教师引导下能归纳自由扩散、协助扩散、被动运输的特点，能在相应的情境中正确判断两种被动运输方式。

B级——思考与讨论不够积极，不能正确指出主动运输、胞吞胞吐的特点，归纳自由扩散、协助扩散、被动运输的特点以及在相应的情境中判断两种被动运输方式存在困难。

自我评价等级：（　　）　教师评价：＿＿＿＿＿＿＿＿＿＿＿。

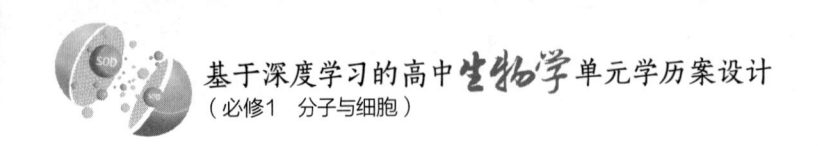

课后检测

A 组题（概念检测）

1. 水分子以简单渗透方式通过细胞膜，但扩散速度非常缓慢，科学研究证明，水分子跨越细胞膜的快速运输是通过细胞膜上的一种水通道蛋白实现的。下列说法错误的是（　　）

    A. 水分子可以协助扩散的方式进入细胞

    B. 水通道蛋白可以使双缩脲试剂变蓝，原因是其具有氨基

    C. 哺乳动物肾小管、集合管细胞应分布较多的水通道蛋白

    D. 水通道蛋白可以使水分子通过，具有特异性

2. 如图为细胞膜结构图，其中 a 和 b 分别代表不同分子或离子进出细胞的方式。据图分析，下列叙述正确的是（　　）

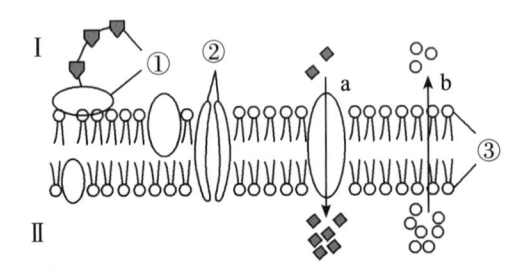

    A. ③的排列方式取决于磷脂分子头部具有疏水性而尾部具有亲水性

    B. 物质通过 a 方式跨膜属于被动运输

    C. ①代表的物质位于细胞膜内侧

    D. 水分子可以通过 b 方式跨膜运输

3. 下列关于物质 X 跨膜运输的叙述，错误的是（　　）

    A. 若 X 跨膜运输的方式是自由扩散，则在一定范围内，其运输速率与物质浓度成正比

    B. 若 X 是葡萄糖，则在顺浓度梯度的情况下可通过协助扩散进入细胞

    C. 若 X 跨膜运输的方式是被动运输，则其不需要细胞代谢产生的能量

    D. 若 X 是脂溶性的物质，其跨膜运输的方式一般是协助扩散

4. 下列有关物质进出细胞的叙述，错误的是（　　）

    A. 水分子以自由扩散方式由低浓度蔗糖溶液向高浓度蔗糖溶液移动

    B. 水分子进出细胞的速率不受温度的影响

    C. 质壁分离与复原实验说明了生物膜具有选择透过性

    D. 细胞在失水与吸水过程中，水分子是双向移动的

B 组题（应用检测）

5. 下图甲、乙分别表示载体蛋白运输、通道蛋白运输两种协助扩散方式，其中通道蛋

白的运输速率比载体蛋白的运输速率快 1000 倍。下列叙述正确的是（　　）

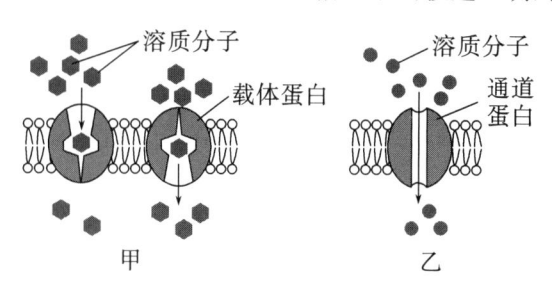

A. 图中两种蛋白，只有载体蛋白参与协助扩散，且只有载体蛋白具有特异性
B. 协助扩散时，不消耗细胞代谢产生的能量，载体蛋白不会发生构象改变
C. 载体蛋白参与运输的速率会受到载体蛋白数量的限制
D. 红细胞吸收葡萄糖的方式可用图乙表示

6. 如图甲是人工膜的结构示意图，图乙表示人的红细胞膜的结构示意图及葡萄糖和乳酸的跨膜运输情况，图丙中 A 为浓度 1 mg/mL 的葡萄糖（$C_6H_{12}O_6$）溶液，B 为浓度 1 mg/mL 的乳酸（$C_3H_6O_3$）溶液，请据图回答以下问题。

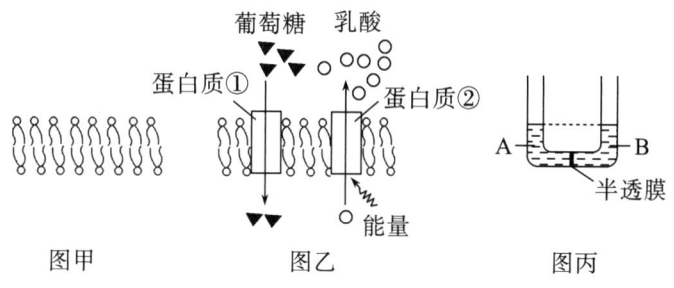

(1) 图甲的主要成分是_____，_____（列举两种物质）可扩散通过图甲所示的人工膜；图丙中的半透膜模拟的是成熟植物细胞中的_____。
(2) 图乙中，葡萄糖和乳酸跨膜运输的方式分别是_____、_____，二者的区别主要是_____。
(3) 如果用图甲所示人工膜作为图丙中的半透膜，则液面不再变化时，左侧液面_____（填"高于""低于"或"等于"）右侧液面；如果将图丙右侧溶液换成浓度 0.01 mg/mL 的葡萄糖溶液，则液面不再变化时，左侧溶液浓度_____（填"大于""小于"或"等于"）右侧溶液浓度。
(4) 某些药物大分子不容易被细胞吸收，但如果用图甲所示人工膜包裹后再注射则更容易进入细胞，此实例可说明细胞膜具有_____性。

分课时3　主动运输与胞吞、胞吐

一、课时目标

1. 建构主动运输的物理模型，阐述主动运输的意义，比较主动运输和被动运输的

区别。关注跨膜运输相关疾病的研究进展。

2. 通过实例，分析总结胞吞、胞吐的特点，阐明此种跨膜运输方式对细胞生命活动的意义。

二、评价任务

1. 分析图示、建构物理模型，完成任务一中思考、讨论、练习 1。（检测课时目标 1）

2. 观看视频或图示，完成任务二中思考 2—1~思考 2—3、练习 2。（检测课时目标 2）

三、学习经历

任务一：认识葡萄糖、氨基酸、无机盐等物质逆浓度进出细胞的方式。（指向课时目标 1）

活动 1. 分析下列葡萄糖或离子从消化腔进入消化道上皮细胞的过程图示（细胞膜上的皱褶表示小肠绒毛），回答问题。

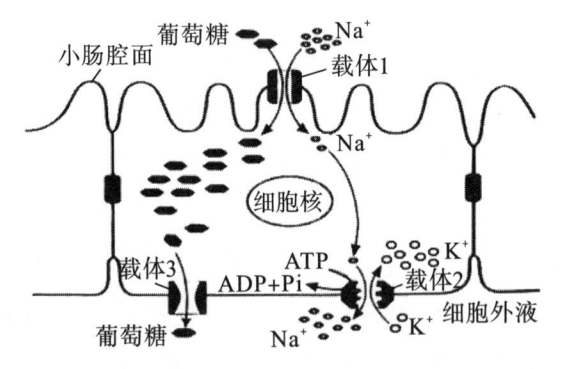

思考：图中钠离子运出小肠上皮细胞需要什么条件？这种运输方式叫作什么？总结主动运输的特点。

讨论：图中葡萄糖进、出小肠上皮细胞的运输方式分别是什么？谈谈主动运输对生物体生命活动的意义。

活动 2. 模型建构：神经细胞外液中钠离子浓度远远高于细胞内钠离子浓度。请在流动镶嵌模型图上建构钠离子流入、运出细胞的物理模型（用○的个数表示膜内、膜外的 Na^+ 数量，箭头表示 Na^+ 的运输方向）

能量　　　　　　　　　　　　　　能量

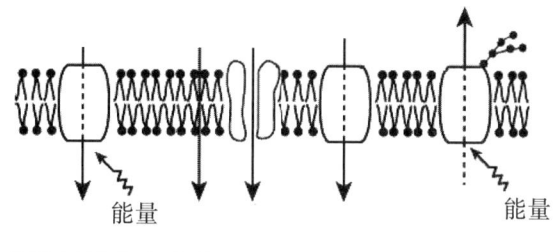

练习 1. 人肺部囊性纤维化疾病发生的主要原因是肺部支气管上皮细胞表面向胞内转运氯离子载体蛋白（CFTR 蛋白）的功能异常，导致氯离子无法转运而在支气管内积累。尝试提出一种治疗该病的思路：_____。

任务二：认识大分子或颗粒物进出细胞的方式。（指向课时目标 2）

思考 2-1：变形虫吞噬草履虫时，细胞膜是如何起作用的？这体现了细胞膜的什么结构特点？这样的物质运输方式叫作什么？

_____

_____

思考 2-2：（回顾旧知：教材第 51 页）豚鼠胰腺腺泡细胞分泌胰蛋白酶时，细胞膜是如何起作用的？这种物质运输方式叫作什么？

_____

思考 2-3：胞吞、胞吐有何共同特点？它们对细胞的生命活动有何意义？

_____

练习 2. 阅读教材第 72 页"与社会的联系"，简述痢疾内变形虫引发阿米巴痢疾的原理。

_____

小单元 1 总结：请根据细胞膜的流动镶嵌模型解释物质跨膜运输的 5 种方式。

_____

_____

（小单元 1）【小单元问题解决】高粱、小麦等农作物的细胞是如何从外界环境中获取营养物质的？

_____

_____

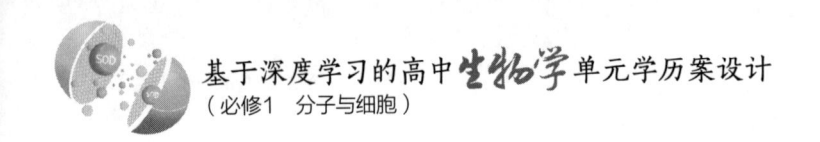

课后检测

A 组题（概念检测）

1. 下列过程属于主动运输的是（　　）
   A. 氧气进入红细胞
   B. 根细胞吸收无机盐离子
   C. 酒精进入胃黏膜细胞
   D. 消化腺细胞分泌消化酶

2. 下列有关主动运输的叙述错误的是（　　）
   A. 主动运输过程中，需要载体蛋白协助和提供能量
   B. 细胞膜上的载体种类决定了细胞主动吸收的物质的类别
   C. 主动运输的结果是细胞内外的浓度差趋于 0
   D. 温度可通过影响生物膜的流动性和有关酶的活性来影响物质运输速率

3. 下列有关膜蛋白的叙述，错误的是（　　）
   A. 生物大分子进出细胞，需要膜蛋白的参与
   B. 一种转运蛋白往往只转运一种或一类特定的物质
   C. 载体蛋白和通道蛋白在转运物质时，作用机制相同
   D. 细胞膜的选择透过性与膜上转运蛋白的种类和数量有关

4. 如图为氨基酸和 Na^+ 进出肾小管上皮细胞的示意图，下列选项中正确的是（　　）

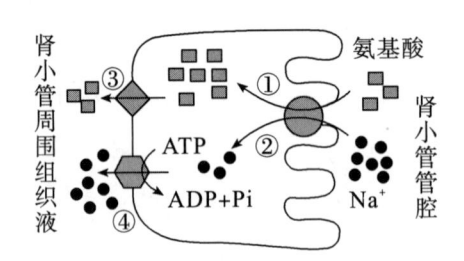

   A. ①过程为协助扩散
   B. ②过程需要消耗 ATP 能量
   C. ③过程为主动运输
   D. Na^+ 进出肾小管上皮细胞需要载体蛋白

5. 如图为动物细胞的细胞膜转运部分物质的示意图（细胞外 Na^+ 浓度高于细胞内 Na^+ 浓度），下列分析错误的是（　　）

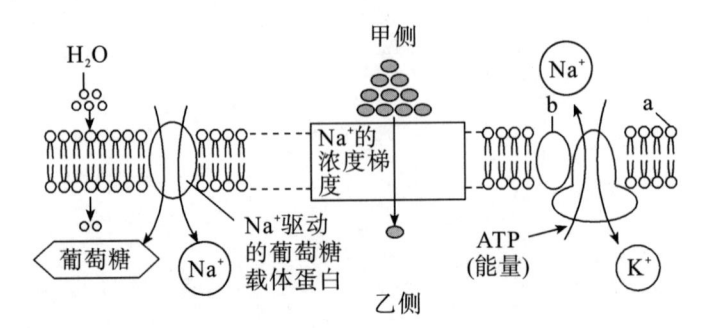

A. 根据乙侧耗能的情况可知，甲侧为细胞外侧，乙侧为细胞内侧
B. 图示中葡萄糖的跨膜运输方式与细胞吸收水的方式相同
C. 图中 a 和 b 不是静止的，其运动的特性有利于物质的跨膜运输
D. 用蛋白酶处理细胞膜，会影响葡萄糖、Na^+ 等物质的运输

B 组题（应用检测）

6. 神经细胞间可以通过一种特殊的介质来传递信息，包裹信息分子的囊泡与神经细胞的细胞膜融合之后再分离，并将信息分子释放到神经细胞外部。这种运输方式属于（　　）
   A. 主动运输　　B. 协助扩散　　C. 胞吐　　D. 胞吞

7. 图示为人体白细胞吞噬异物的过程，下列与该方式类似的过程是（　　）

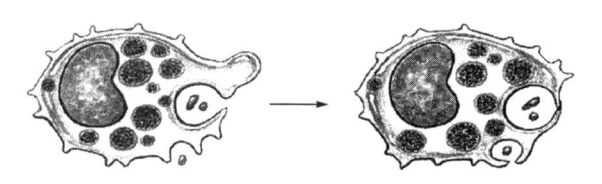

   A. 胰腺细胞分泌胰蛋白酶　　　　B. 肝脏细胞吸收葡萄糖
   C. 性腺细胞分泌性激素　　　　　D. 甲状腺细胞吸收碘

8. 图1是人甲状腺细胞摄取原料合成甲状腺球蛋白的基本过程，图2表示两种跨膜运输方式。请据图回答问题。

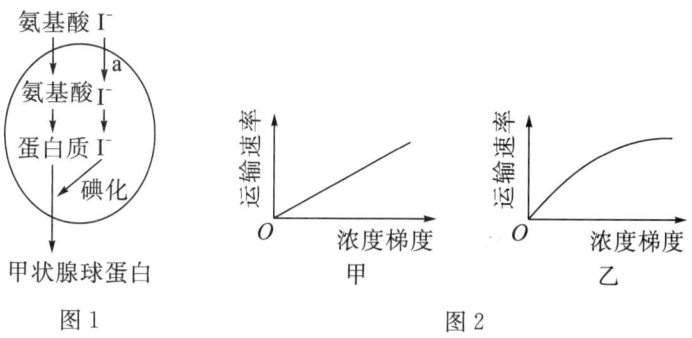

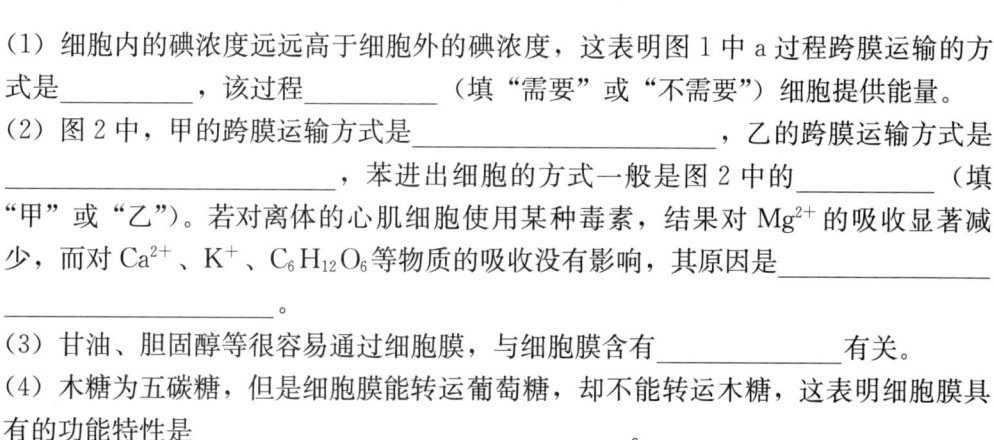

   (1) 细胞内的碘浓度远远高于细胞外的碘浓度，这表明图1中 a 过程跨膜运输的方式是_____，该过程_____（填"需要"或"不需要"）细胞提供能量。
   (2) 图2中，甲的跨膜运输方式是_____，乙的跨膜运输方式是_____，苯进出细胞的方式一般是图2中的_____（填"甲"或"乙"）。若对离体的心肌细胞使用某种毒素，结果对 Mg^{2+} 的吸收显著减少，而对 Ca^{2+}、K^+、$C_6H_{12}O_6$ 等物质的吸收没有影响，其原因是_____。
   (3) 甘油、胆固醇等很容易通过细胞膜，与细胞膜含有_____有关。
   (4) 木糖为五碳糖，但是细胞膜能转运葡萄糖，却不能转运木糖，这表明细胞膜具有的功能特性是_____。

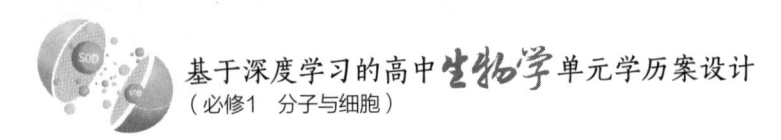

(5) 神经细胞会通过胞吐的方式释放神经递质，说明细胞膜具有的特点是_____。

小单元2 细胞代谢的快速有序依赖于生物催化剂和能量"货币"（分课时4~7）

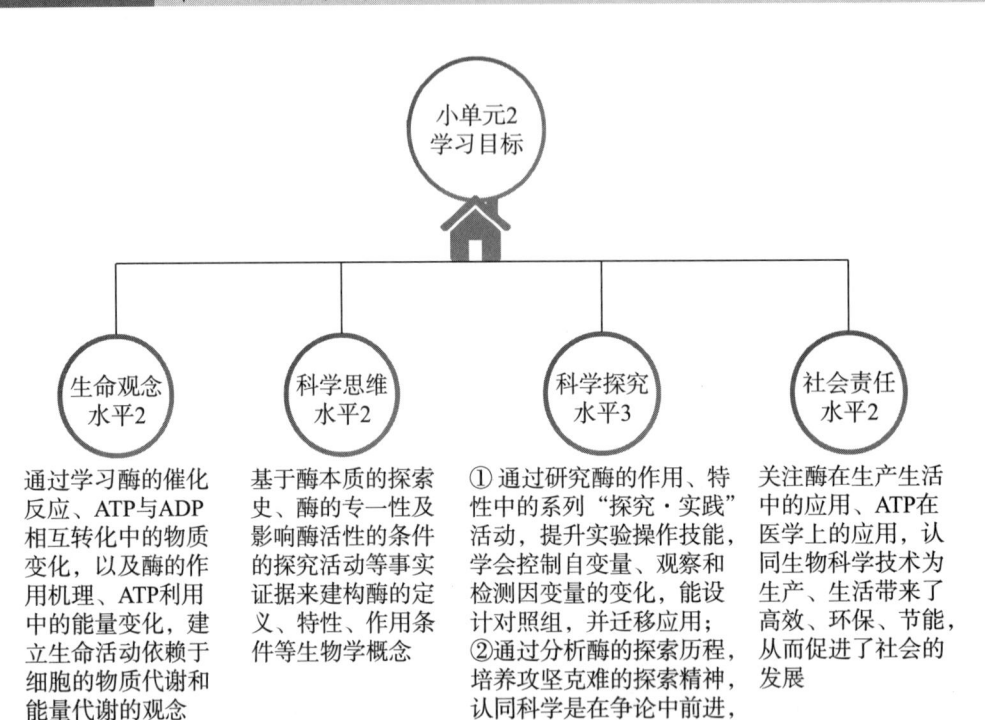

小单元2 学习目标

生命观念 水平2
通过学习酶的催化反应、ATP与ADP相互转化中的物质变化，以及酶的作用机理、ATP利用中的能量变化，建立生命活动依赖于细胞的物质代谢和能量代谢的观念

科学思维 水平2
基于酶本质的探索史、酶的专一性及影响酶活性的条件的探究活动等事实证据来建构酶的定义、特性、作用条件等生物学概念

科学探究 水平3
① 通过研究酶的作用、特性中的系列"探究·实践"活动，提升实验操作技能，学会控制自变量、观察和检测因变量的变化，能设计对照组，并迁移应用；
② 通过分析酶的探索历程，培养攻坚克难的探索精神，认同科学是在争论中前进，在探索中发展的

社会责任 水平2
关注酶在生产生活中的应用、ATP在医学上的应用，认同生物科学技术为生产、生活带来了高效、环保、节能，从而促进了社会的发展

分课时4 酶的作用和本质

一、课时目标

1. 通过比较"过氧化氢酶在不同条件下的分解"实验，体验控制变量法，学会控制自变量、观察和检测因变量的变化、设置对照组，阐明酶的作用机理。
2. 回顾酶的探究历史，归纳酶的本质，体验科学成果的获得需要众多科学家的持续推进和承前启后的探索。

二、评价任务

1. 观察、比较，完成任务一中讨论1、思考1-1~思考1-3。（检测课时目标1）
2. 阅读、填图，完成任务二中思考、讨论2、练习。（检测课时目标2）

三、学习经历

情景引入：人体摄入消化道的淀粉需经唾液淀粉酶、胰淀粉酶的消化，进而分解成葡萄糖，才能被肠道细胞吸收，为细胞生命活动提供能量。

问题思考：在细胞中，葡萄糖所含能量是通过什么过程释放出来的？这一过程的化学反应属于细胞代谢，什么是细胞代谢？酶在代谢反应中起什么作用？

___

任务一：探究酶在细胞代谢中的作用及其作用机理。（指向课时目标1）

活动1. 根据教材第77页"探究·实践"中的"方法步骤"，进行不同条件下过氧化氢分解的实验操作，并根据实验现象，填写下表。

步骤		试管编号				变量说明
		1	2	3	4	
一	H_2O_2 浓度	3%	3%	3%	3%	
	剂量	2 mL	2 mL	2 mL	2 mL	
二	反应条件	常温	90℃	FeCl₃ 2滴	肝脏研磨液 2滴	
结果	气泡产生					
	卫生香复燃					
	结论					

讨论1：以上实验结果说明酶的催化效率与无机催化剂的催化效率有何不同？

___

思考1-1：比较过氧化氢酶和 Fe^{3+} 的催化效率，建构加入过氧化氢酶、加入 Fe^{3+}、未加酶或 $FeCl_3$ 时生成物的量随时间变化的数学模型。

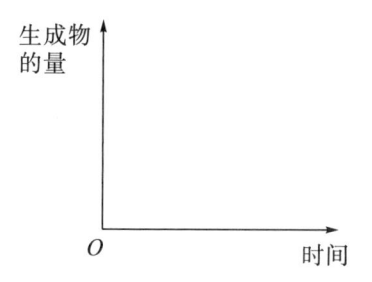

```
生成物
的量
          
          
O              时间
```

思考1-2：在化学反应体系中，反应物分子处于能量较低的"初态"时很难发生化学反应。但如下图所示，只要将装有水的桶送到高处，水便会自然流下，而不需要全程施加外力。结合这一原理，分析下列坐标图中反应物被活化过程的能量变化机理：___

___。

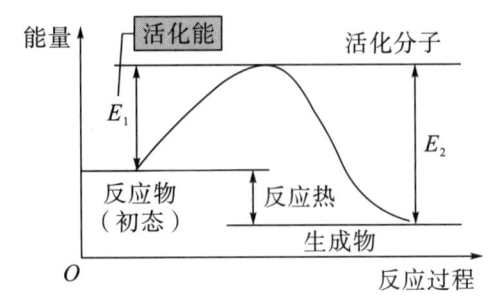

思考1-3：甲、乙曲线代表无机催化剂或酶催化下反应的能量变化。请回答：

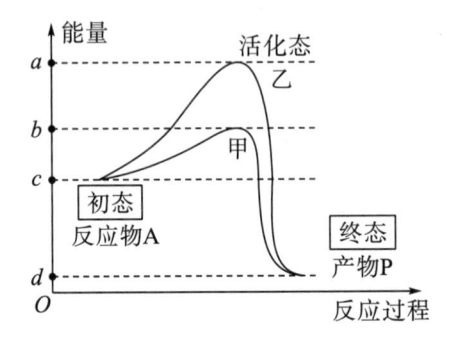

(1) 无机催化剂催化的反应曲线是_____，酶催化的反应曲线是_____。

(2) ca 段的含义是在无机催化剂催化时反应所需活化能。ba 段的含义是_____
_____。

(3) 甲反应中，若将酶改为无机催化剂，则 b 点在纵轴上将移动到_____点。

【总结概括】阅读教材第78页，结合图5-1的含义，概括酶作用的机理：_____
_____。

学习评价

评价标准：

　　A^+级——实验操作规范，能根据实验结果得出结论、准确阐述酶的作用机理。
　　A级——实验操作较规范，在教师引导下能得出实验结论、阐述酶的作用机理。
　　B级——实验操作不规范，得出实验结论、阐述酶的作用机理有一定困难。
　　自我评价等级：（　　　）　　教师评价：_____。

任务二：探索酶的本质。（指向课时目标2）

活动2. 阅读教材第79页"思考·讨论"，填写下列图解。

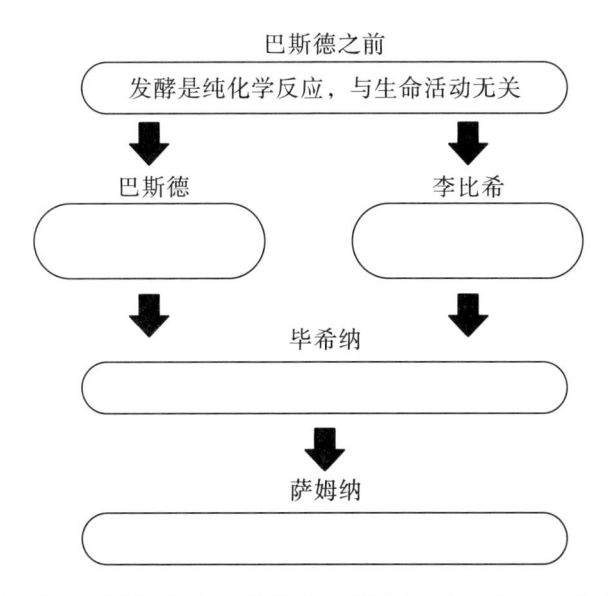

```
              巴斯德之前
         ┌─────────────────┐
         │发酵是纯化学反应,与生命活动无关│
         └─────────────────┘
             ↓         ↓
           巴斯德      李比希
         ┌──────┐   ┌──────┐
         │      │   │      │
         └──────┘   └──────┘
             ↓         ↓
              毕希纳
         ┌─────────────────┐
         │                 │
         └─────────────────┘
                  ↓
                萨姆纳
         ┌─────────────────┐
         │                 │
         └─────────────────┘
```

思考：（归纳与概括）请依据上述科学家的研究结论对酶下一个定义：_____
_____。

讨论2：谈一谈科学家对酶的本质的探索过程对你的启发。

练习．甲、乙两种酶用同一种蛋白酶处理，酶活性与处理时间的关系如图所示。下列分析错误的是（   ）

A. 甲酶能够抗该种蛋白酶降解
B. 甲酶不可能是 RNA
C. 乙酶的化学本质为蛋白质
D. 乙酶活性的改变是因为其分子结构的改变

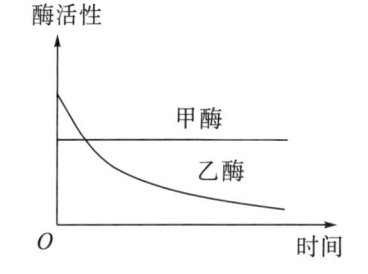

学习评价

评价标准：

A^+级——积极思考与讨论，能依据酶的探究历史归纳酶的本质。

A级——较积极地思考与讨论，能在教师引导下归纳酶的本质。

B级——思考与讨论不够积极，对归纳酶的本质感到困难。

自我评价等级：（   ）   教师评价：_____。

课后检测

A组题（概念检测）

1. 将盛有过氧化氢溶液的试管进行加热和加入酶或无机催化剂 Fe^{3+} 处理，都能够促进

过氧化氢的分解，下列叙述正确的是（　　）

　　A. 加热的原理与酶、Fe^{3+} 的作用原理是相同的

　　B. 加热可以提高过氧化氢分子的能量，而加酶或 Fe^{3+} 不影响过氧化氢分子的能量

　　C. 加酶或 Fe^{3+} 都不能降低该反应所需的活化能

　　D. 酶和 Fe^{3+} 的作用原理是不同的

2. 在如图所示的实验中，属于无关变量的是（　　）

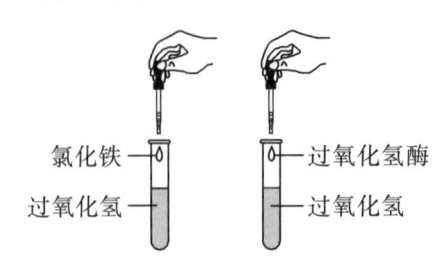

　　A. 催化剂的种类　　　　　　　B. 过氧化氢分解的速率

　　C. 试管中的过氧化氢溶液的量　D. 产生气泡量

3. 图 1 和图 2 是某兴趣小组通过实验探究使 H_2O_2 分解的条件而绘制的曲线图，下列说法错误的是（　　）

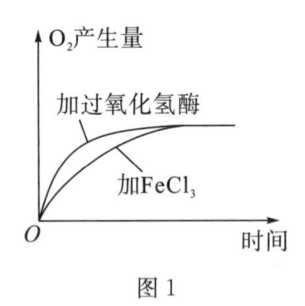

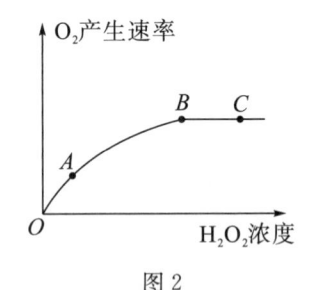

　　A. 图 1 和图 2 所代表的实验中，实验的自变量依次为催化剂种类、H_2O_2 浓度

　　B. 在过氧化氢酶、$FeCl_3$ 分别催化下，二者分解等量 H_2O_2 所需的活化能相同

　　C. 图 2 中，若在 BC 段加入适量的过氧化氢酶，则氧气产生速率会增大

　　D. 反应物浓度是限制曲线 AB 段反应速率的主要因素

4. 下列关于生物体中酶的作用和本质的叙述，正确的是（　　）

　　A. 酶能提供化学反应的活化能

　　B. 由活细胞产生的酶在生物体外没有催化活性

　　C. 酶的本质是蛋白质，蛋白质都是酶

　　D. 酶比无机催化剂更显著地降低化学反应的活化能

5. 下列有关酶的叙述，错误的是（　　）

　　A. 所有酶都含有 C、H、O、N 四种元素，是由单体组成的生物大分子

　　B. 有些酶和相应的化学试剂作用呈现紫色反应

　　C. 活细胞产生酶的场所都是细胞质中的核糖体

　　D. 催化反应前后酶的性质和数量不变

B 组题（应用检测）

6. 下列实验所采取的措施，不涉及"降低化学反应活化能"原理的是（　　）
   A. 利用果胶酶提高水果的出汁率
   B. 滴加肝脏研磨液促使过氧化氢的分解
   C. 滴加 $FeCl_3$ 溶液提高过氧化氢的分解速率
   D. 利用水浴加热提高过氧化氢的分解速率

7. 为了探究口腔的分泌液中是否有蛋白酶，某学生设计了两组实验，如图所示。在 37℃ 水浴中保温一段时间后，试管 1、2 中加入适量双缩脲试剂，试管 3、4 中不加任何试剂，下列实验能达到目的的是（　　）

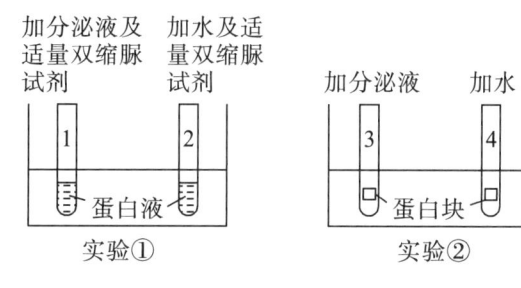

   A. 实验②　　　　　　　　B. 实验①
   C. 实验①、②都能　　　　D. 实验①、②都不能

8. 研究发现，一定浓度的 NaCl 溶液会使酶的溶解度降低，发生盐析现象，从而使酶促反应速率降低。某实验小组探究了不同浓度的 NaCl 溶液对淀粉酶催化淀粉水解的反应速率的影响，获得的实验结果如表所示。请回答下列相关问题。

NaCl 溶液浓度/mol·L^{-1}	0	0.05	0.10	0.15	0.20	0.25	0.30
酶促反应速率相对值	5.0	5.7	6.2	6.5	6.0	5.4	4.3

(1) 酶催化化学反应的效率高于无机催化剂，原因是_____。该实验中的酶促反应速率可以用_____表示。

(2) 分析表格可知，0.30 mol·L^{-1} 的 NaCl 溶液对淀粉酶催化淀粉水解的反应速率具有_____（填"促进"或"抑制"）作用。

(3) 请在该实验的基础上，设计实验进一步探究 NaCl 溶液提高淀粉酶催化淀粉水解的反应速率的最适浓度，简要写出实验思路：_____
_____。

分课时 5、6　酶的特性及酶活性的影响因素

一、课时目标

1. 通过比较过氧化氢酶与 $FeCl_3$ 对过氧化氢分解的催化效率推断酶具有高效性，运用控制变量法设计并实施探究酶的专一性实验。

77

2. 设计实验探究影响酶活性的条件，阐明酶具有作用条件温和的特性。

3. 认识酶的特性对细胞代谢的意义。关注酶在生产生活中的应用，认同科学技术的重要价值。

二、评价任务

1. 比较、分析，完成任务一中讨论 1、练习 1、思考 1-1、思考 1-2、【拓展应用】。（检测课时目标 1）

2. 设计实验方案，进行实验操作，完成任务二中活动 2~活动 4 中的问题，以及思考 2-2~思考 2-4。（检测课时目标 2 和课时目标 3）

三、学习经历：

任务一：探究酶的高效性和专一性。（指向课时目标 1）

讨论 1：比较过氧化氢酶与 $FeCl_3$ 对过氧化氢分解的催化效率的差异，说明酶的催化效率有何特点？当人快速奔跑时，肌细胞内会进行非常迅速的代谢反应来产生大量能量，分析酶的这一特点对此过程的意义。

_____

练习 1. 目前医用葡萄糖主要用淀粉酶催化淀粉水解来生产。与用盐酸催化相比，用淀粉酶催化淀粉水解生产葡萄糖有什么优越性？

活动 1. 按照教材第 81 页"探究·实践"的方法步骤，进行淀粉酶对淀粉和蔗糖的水解实验操作（或观看实验视频）。

思考 1-1：分析实验现象，说明酶的催化具有什么特性？

_____

思考 1-2：人体胃蛋白酶可以催化食物中多种蛋白质的水解，这说明一种酶也可能催化一类反应。据此概述酶专一性的概念。

【拓展应用】 药物学家从酶专一性的角度设计出了抑制癌细胞呼吸作用的抗癌药物。分析该药物的作用原理：_____

任务二：探究影响酶活性的条件。（指向课时目标 2 和课时目标 3）

活动 2. 分析下列资料，回答问题。

资料：胃蛋白酶片属于助消化类药物，用于胃蛋白酶缺乏或消化功能减退引起的消化不良症。为保证胃蛋白酶的活性，该药品的使用说明中要求：贮藏条件为密封、凉暗处（低于 20℃），在 pH 为 1.6 和 1.8 时作用最强，禁与碱性药物配服。

讨论 2：推测胃蛋白酶片的使用说明中特别指出贮藏温度、作用 pH、服用禁忌的原因：_____

思考2-1：什么是酶活性？举例说明酶活性大小如何表示？
_____
_____

活动3. 阅读教材第82页"探究·实践"中"背景知识""材料用具"，小组讨论完成"探究温度对酶活性的影响"的实验方案，并进行实验操作（或观看实验视频）。

提出问题：_____？
作出假设：_____。
设计实验步骤：（以可溶性淀粉溶液、新鲜淀粉酶溶液为实验材料）_____
_____
_____。

实验操作：进行分组实验操作（或观看实验视频）。
实验结果记录：_____。
（附：实验视频中的实验结果）

实验温度	0℃	50℃	100℃
加入碘液是否变蓝	变蓝	不变蓝	变蓝

实验结论：_____。

活动4. 小组讨论完成"探究pH对酶活性的影响"的实验方案，并进行实验操作（或观看实验视频）。

提出问题：_____？
作出假设：_____。
设计实验步骤：（以H_2O_2溶液、过氧化氢酶为实验材料，用表格展示）

实验步骤	实验操作内容	试管1	试管2	…
一				
二				
…				

实验操作：进行分组实验操作（或观看实验视频）。
实验结果记录：_____。
（附：实验视频中的实验结果）

实验pH	2	7	12
气泡产生量	气泡很少或没有	大量气泡	气泡很少或没有

实验结论：_____。

思考2-2：科学家采用定量分析的方法在不同温度和pH下测定同一种酶的活性，绘制出的曲线如图1、图2所示。

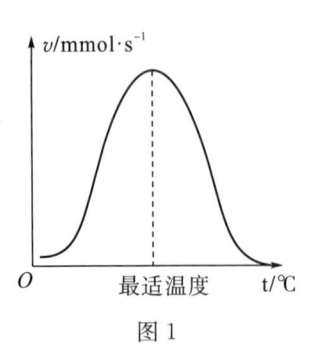

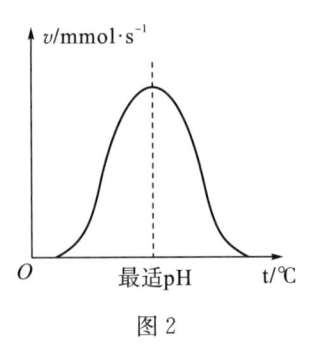

图1 （纵轴 $v/\text{mmol}\cdot s^{-1}$，横轴 $t/℃$，峰值在最适温度）

图2 （纵轴 $v/\text{mmol}\cdot s^{-1}$，横轴 $t/℃$，峰值在最适pH）

（1）分析图1曲线得出酶活性与温度变化的关系是：_____，

由此推断酶制剂适宜在_____温下保存。

（2）分析图2曲线得出酶活性与pH变化的关系是：_____
_____。

思考2-3：综上所述，酶具有_____性、_____性、作用条件_____性。分析酶的这些特性对生物体的细胞代谢有何意义？

思考2-4：生活中到处有酶的影子，请收集资料并汇报酶的应用。

学习评价

评价标准：

A^+级——积极思考、讨论，能规范完成以上三个探究实验的设计、操作并回答相应问题。

A级——较积极地思考、讨论，在教师引导下能完成上述探究实验设计、操作并回答相应问题。

B级——思考、讨论不够积极，在进行实验设计、问题分析时存在一定困难。

自我评价等级：（　　）　　教师评价：_____。

课后检测

A组题（概念检测）

1. 下图表示过氧化氢分解的过程，实验说明酶具有的特性是（　　）

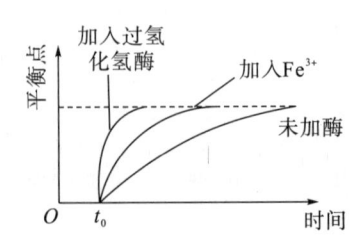

（图示：纵轴为平衡点，横轴为时间，曲线分别为"加入过氧化氢酶"、"加入Fe^{3+}"、"未加酶"，起点为t_0）

A. 专一性　　　　　　　　　　B. 高效性
C. 多样性　　　　　　　　　　D. 酶的作用条件较温和

2. 用蛋白酶除去大肠杆菌核糖体的蛋白质，处理后的核糖体仍可催化氨基酸的脱水缩合反应。由此可推测核糖体中能催化该反应的物质是（　　）
   A. 蛋白质　　　B. DNA　　　C. RNA　　　D. 核糖

3. 催化脂肪酶水解的酶是（　　）
   A. 肽酶　　　B. 蛋白酶　　　C. 脂肪酸　　　D. 淀粉酶

4. 某兴趣小组为了研究温度对唾液淀粉酶活性的影响，进行了相关实验，实验结果如图所示。下列相关分析正确的是（　　）

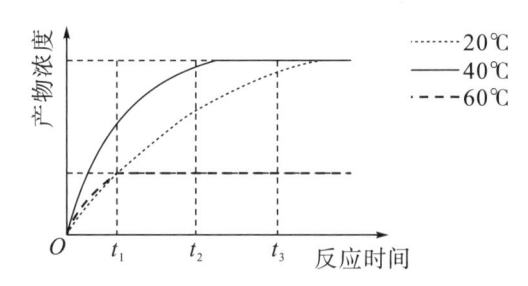

   A. 由实验可知，该唾液淀粉酶的最适温度为 40℃
   B. 60℃组，t_2 时刻向反应液中滴加碘液，溶液不会出现蓝色
   C. 增加淀粉溶液的浓度会导致 20℃组的产物浓度增大
   D. 在 t_3 时刻将 60℃组置于 40℃环境中曲线会上升

5. 下列有关淀粉和淀粉酶实验的叙述，不合理的是（　　）
   A. 检验淀粉酶是否起催化作用，可用碘液检验，也可以用斐林试剂检验
   B. 淀粉和淀粉酶能用来探究温度、酸碱度对酶活性的影响
   C. 若利用淀粉和淀粉酶探究温度对酶活性的影响，不能用斐林试剂检验
   D. 若利用淀粉、蔗糖和淀粉酶证明酶的专一性，不能用碘液检验

6. 下列关于酶特性实验设计的叙述，正确的是（　　）
   A. 验证酶的专一性时，自变量只能是酶的种类
   B. 验证酶的高效性时，自变量是酶的浓度
   C. 探究温度对酶活性的影响时，自变量是温度
   D. 探究酶催化作用的最适 pH 时，应设置过酸、过碱、中性三组

7. 在生物体内，各种化学反应之所以能有条不紊地进行是因为（　　）
   A. 酶的催化效率具有高效性　　　B. 酶的种类具有多样性
   C. 酶的催化作用具有专一性　　　D. 酶的空间结构具有稳定性

B 组题（应用检测）

8. 嫩肉粉是以蛋白酶为主要成分的食品添加剂，可以使瘦肉的蛋白质分解为小分子肽、氨基酸而变得细嫩，就酶的作用特点而言，下列使用方法中最佳的是（　　）
   A. 炒肉的过程中加入

B. 肉炒熟后起锅前加入

C. 先用沸水溶解后与肉片混匀，炒熟

D. 室温下与肉片混匀，放置一段时间，炒熟

9. 用新制备的含过氧化氢酶的马铃薯悬液进行分解 H_2O_2 的实验，两组实验结果如图所示。第1组曲线是在 pH=7.0、20℃ 条件下，向 5 mL 1% 的 H_2O_2 溶液中加入 0.5 mL 酶悬液的结果。与第1组相比，第2组实验只做了一个改变。第2组实验（　　）

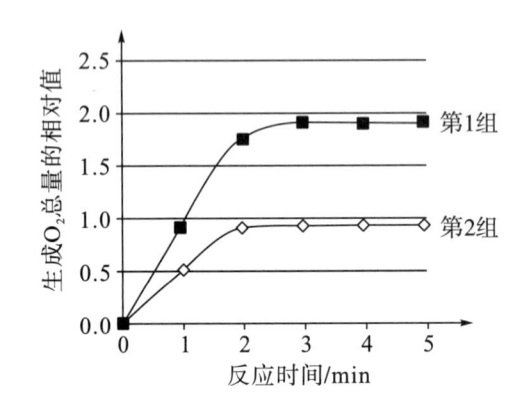

A. 降低了 H_2O_2 溶液的浓度

B. 降低了悬液中酶的浓度

C. 提高了 H_2O_2 溶液的浓度

D. 提高了反应体系的温度和 pH

10. 某研究小组为探究影响过氧化氢分解的因素，做了三个实验。相应的实验结果如下图所示，请分析回答下列问题。

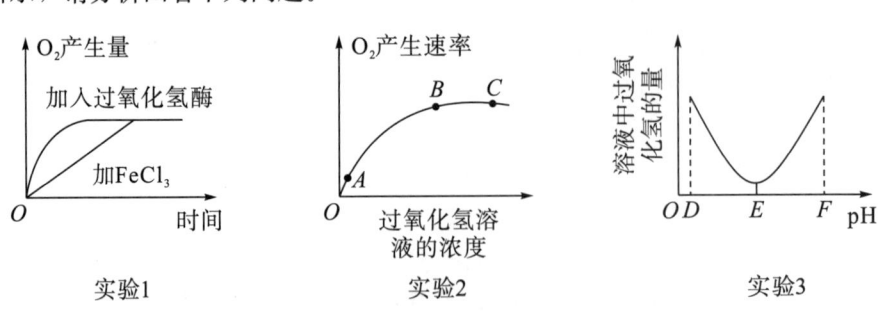

实验1　　实验2　　实验3

(1) 实验1、2、3中的自变量分别为_____。

(2) 实验1的目的是探究_____。

(3) 实验2探究了过氧化氢溶液的浓度对酶促反应速率的影响，分析图中实验结果，得出的结论是：在过氧化氢酶量一定时，在一定浓度范围内随过氧化氢溶液浓度升高，_____，而当过氧化氢溶液的浓度达到一定值后，_____。BC 段 O_2 产生速率不再增大的原因最可能是_____。

(4) 实验 3 的结果显示，过氧化氢酶的最适 pH 为_____。实验还证实，当 pH 小于 D 或大于 F 时，过氧化氢酶的活性将永久丧失，其原因是_____。

分课时 7　细胞的能量 "货币" ——ATP

一、课时目标

1. 通过实验探究，探明 ATP 是生命活动的直接能源物质，能建构 ATP 分子的结构模型。
2. 通过建构 ATP 与 ADP 的相互转化模型，认识该能量供应机制的意义。
3. 通过对 ATP 利用的生活实例的分析，阐明 ATP 是细胞的能量 "货币"，并关注 ATP 在医学上的应用。

二、评价任务

1. 观看视频、阅读，完成任务一中的思考 1-1~思考 1-3。（检测课时目标 1）
2. 阅读和分析资料，完成任务二中的思考 2-1~思考 2-3、【建构模型】。（检测课时目标 2）
3. 分析实例，完成任务三中的思考 3-1、思考 3-2、练习、活动 5。（检测课时目标 3）

三、学习经历

任务一：探究生命活动的直接能源物质，建构 ATP 的结构模型。（指向课时目标 1）

活动 1. 观看实验视频或阅读以下实验过程：先对蛙的两组腓肠肌进行电刺激，直到其不再收缩。再对一组腓肠肌滴加葡萄糖溶液，另一组腓肠肌滴加 ATP 溶液。又分别刺激两组腓肠肌，结果葡萄糖溶液中的腓肠肌不再收缩，而 ATP 溶液中的腓肠肌收缩。回答问题。

思考 1-1：根据上述实验结果，能得到怎样的实验结论？
_____。

活动 2. 阅读教材第 86 页，认识 ATP 是生命活动的直接能源物质的原因。

思考 1-2：ATP 的结构简式为_____，其中 "A" "P" "—" "~" 分别代表_____。ATP 与腺嘌呤核糖核苷酸的关系是_____。

思考 1-3：推测 ATP 供能使蛙腓肠肌收缩时，释放哪个化学键中的能量？
_____

任务二：建构 ATP 与 ADP 相互转化模型。（指向课时目标 2）

活动 3. 阅读教材第 86~87 页 "ATP 与 ADP 可以相互转化" 的相关内容，回答思

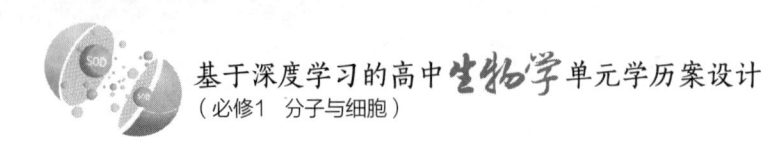

考题并建构模型。

思考 2-1：写出 ATP 为蛙腓肠肌收缩供能这一过程（ATP 水解）的反应式。

_____

思考 2-2：蛙连续跳跃时，腓肠肌持续收缩会不断消耗 ATP，其所需 ATP 从何而来？写出 ATP 合成的反应式。动、植物细胞中合成 ATP 所需能量分别来自哪里？

_____

分析资料：人体内 ATP 的总量约为 0.1 摩尔。一个成年人在静止状态下，24 小时内有 40 kg 的 ATP 发生转化，在剧烈运动时每分钟可消耗约 0.5 kg ATP。推测生物体如何解决资料中这一矛盾？

【建构模型】利用教师所给卡片，小组合作构建 ADP 与 ATP 相互转化模式图，并解释该模型的含义。

思考 2-3：ADP 与 ATP 相互转化处于什么状态？这种转化对机体有何意义？

_____。

任务三：举例说明 ATP 利用的过程，并解释为什么 ATP 是细胞内流通的能量"货币"。（指向课时目标 3）

活动 4. 阅读教材第 88~89 页，分析 ATP 利用的实例，回答问题。

思考 3-1：蔗糖合成、肌肉收缩、主动运输等过程是吸能反应还是放能反应？吸能反应是与 ATP 水解还是 ATP 合成相联系？呼吸作用等放能反应是与 ATP 水解还是 ATP 合成相联系？

_____

练习．下列关于吸能反应和放能反应的说法，错误的是（　　）
A．ATP 是细胞中吸能反应和放能反应的纽带
B．所有细胞中最重要的放能反应是细胞呼吸
C．所有植物细胞中最重要的吸能反应是光合作用
D．肌肉收缩是吸能反应，肌肉做功是放能反应

思考 3-2：蛙摄入的糖类中的能量如何转化成跳跃时肌肉收缩的机械能？糖类中的能量与机械能之间，是什么物质充当了能量"中转站"？为什么 ATP 是细胞内流通的能量"货币"？

_____

活动5：查阅资料：搜集ATP药物的相关资料，了解ATP在医学上的应用及前沿进展。

（小单元2）【小单元问题解决】酵母菌细胞的发酵等代谢反应能快速、有序地进行，所依赖的催化剂和能量供应机制是什么？

学习评价

评价标准：

A⁺级——认真观看视频、积极思考，能顺利完成合作建模、思考题及练习题。

A级——认真观看视频，较积极地思考，在教师引导下能完成合作建模、思考题及练习题。

B级——不能较好地完成建模，回答思考题及练习题存在一定困难。

自我评价等级：（   ）　　教师评价：_____。

课后检测

A组题（概念检测）

1. 如图表示ATP的结构，下列相关说法正确的是（   ）

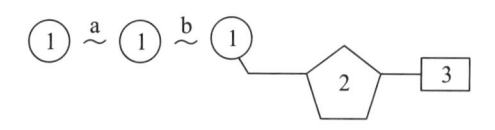

    A. b断裂后形成ADP和Pi
    B. 图中的3表示ATP中的"A"
    C. 由1、2、3各一分子形成的物质是组成DNA的基本单位
    D. a断裂释放的能量可以直接用于大脑思考、生物发电等生命活动

2. 如图是ATP与ADP之间的转化图，由此可确定（   ）

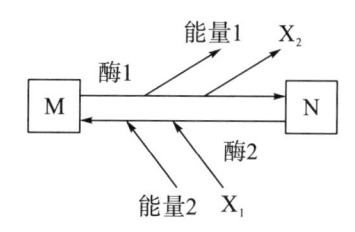

    A. M为ADP，N为ATP　　　　　B. 能量1和能量2来源相同
    C. X₁和X₂是同一种物质　　　　D. 酶1和酶2是同一种酶

3. 驱动蛋白能催化ATP水解，还能与细胞骨架特异性结合，并沿着骨架定向行走，

将所携带的细胞器或大分子物质送到指定位置。驱动蛋白每行走一步需要消耗一个 ATP 分子。下列相关叙述错误的是（　　）

A. 驱动蛋白能识别 ATP 分子和细胞骨架

B. 细胞骨架是物质和细胞器运输的轨道

C. 由活细胞产生的 ATP 合成酶在体外也具有催化活性

D. 代谢旺盛的细胞中，ATP 的水解速率远大于合成速率

4. 在下列四种化合物的化学组成中，与"○"中所对应的含义相同的是（　　）

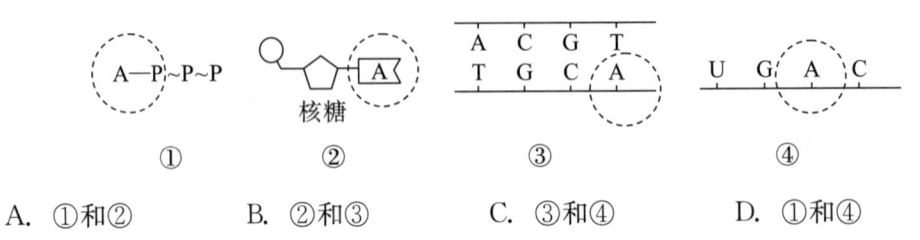

① A—P~P~P （A 带圈）
② 核糖，带 A 方框（A 带圈）
③ A C G T / T G C A（A 带圈）
④ U G A C（A 带圈）

A. ①和②　　B. ②和③　　C. ③和④　　D. ①和④

B 组题（应用检测）

5. 某人脑出血后导致右侧肢体偏瘫，为尽快改善患者的新陈代谢，恢复其右手书写能力，在治疗时可用下列哪种方法辅助治疗（　　）

A. 静脉滴注葡萄糖溶液　　B. 口服钙片

C. 服用多种维生素液　　D. 肌肉注射 ATP 制剂

6. 萤火虫腹部具有发光器，因其细胞中含有荧光素和荧光素酶而发出荧光。用小刀将数十只萤火虫的发光器割下，干燥后研成粉末状，取两等份分别装入两支小玻璃管中，各加入少量的水，使之混合，可见到玻璃管中发出淡黄色荧光，约过 15 min 荧光消失，如图所示。接着将 ATP 溶液加入其中一支玻璃管（A 管）中，将葡萄糖溶液加入另一支玻璃管（B 管）中，发现加入 ATP 溶液的玻璃管中发出荧光，而加入葡萄糖溶液的玻璃管中不发出荧光。

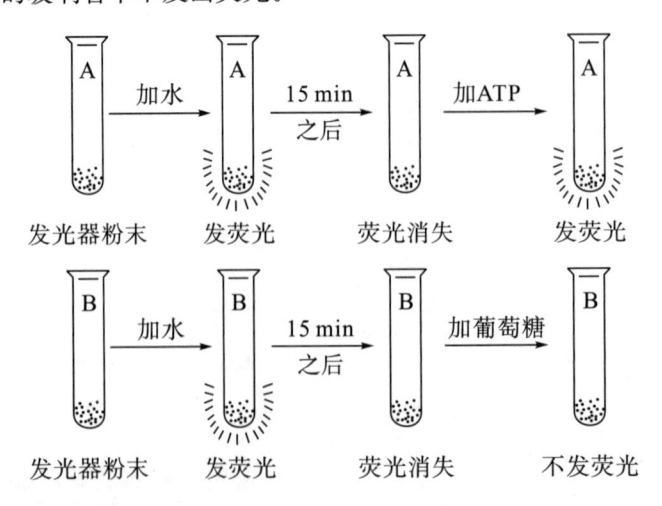

A 管：发光器粉末 —加水→ 发荧光 —15 min 之后→ 荧光消失 —加 ATP→ 发荧光

B 管：发光器粉末 —加水→ 发荧光 —15 min 之后→ 荧光消失 —加葡萄糖→ 不发荧光

（1）上述对照实验说明：

①萤火虫发光是将_____能转变成_____能的过程；

②这一过程所需的能量由_____直接提供；

③_____不是生命活动的直接能源物质。

(2) 若向刚切下的萤火虫发光器上滴加葡萄糖溶液，会发出荧光吗？为什么？

小单元 3 细胞呼吸和光合作用是细胞最基本的物质代谢和能量代谢（分课时 8~13）

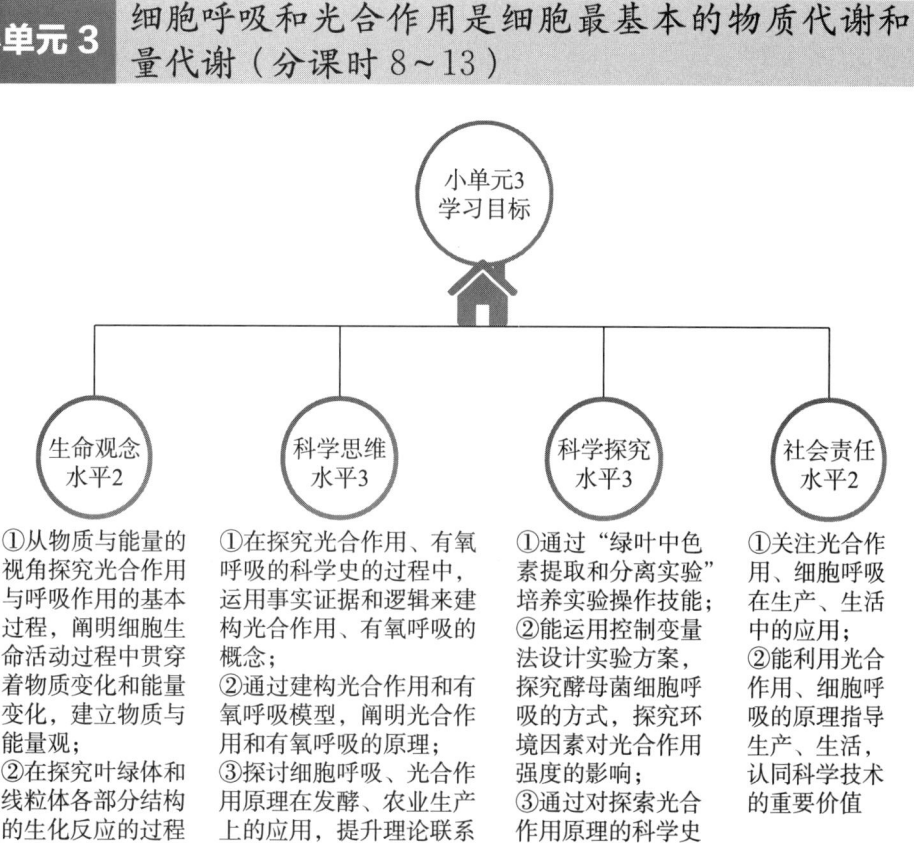

小单元3 学习目标

生命观念 水平2
①从物质与能量的视角探究光合作用与呼吸作用的基本过程，阐明细胞生命活动过程中贯穿着物质变化和能量变化，建立物质与能量观；
②在探究叶绿体和线粒体各部分结构的生化反应的过程中，渗透结构与功能观

科学思维 水平3
①在探究光合作用、有氧呼吸的科学史的过程中，运用事实证据和逻辑来建构光合作用、有氧呼吸的概念；
②通过建构光合作用和有氧呼吸模型，阐明光合作用和有氧呼吸的原理；
③探讨细胞呼吸、光合作用原理在发酵、农业生产上的应用，提升理论联系实际的能力；
④探讨光合作用与呼吸作用的联系，培养逻辑推理能力

科学探究 水平3
①通过"绿叶中色素提取和分离实验"培养实验操作技能；
②能运用控制变量法设计实验方案，探究酵母菌细胞呼吸的方式，探究环境因素对光合作用强度的影响；
③通过对探索光合作用原理的科学史的分析，认同科学知识的认识过程是不断发展、前后接力的

社会责任 水平2
①关注光合作用、细胞呼吸在生产、生活中的应用；
②能利用光合作用、细胞呼吸的原理指导生产、生活，认同科学技术的重要价值

分课时8 细胞呼吸（一）：探究酵母菌细胞呼吸的方式

一、课时目标

1. 通过酵母菌呼吸方式的实验探究，知晓科学探究的基本思路和方法。
2. 通过比较实验结果，能正确区分不同的呼吸方式，解释生活中酿酒的常见操作。

二、评价任务

1. 设计实验方案、进行实验操作，完成任务中活动的问题、思考1-1。（检测课

时目标1)

2. 比较、概括，完成任务中【总结概括】、思考1-2。（检测课时目标2）

三、学习经历

任务：探究酵母菌细胞呼吸的方式。（指向课时目标1和课时目标2）

讨论：谈一谈你所了解的酵母菌的结构、生存环境。推测酵母菌在有氧和无氧条件下都能生活的原因。

活动. 阅读教材第91页"探究·实践"中的"参考资料"，小组合作设计"探究酵母菌的细胞呼吸方式"的实验方案，并完成实验操作。

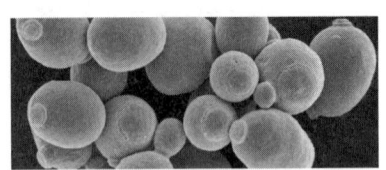

提出问题：_____？
作出假设：_____。
设计实验方案：
（1）小组讨论、回答（教材第91页）"设计实验"中的三个问题：
①怎样控制有氧和无氧的条件？
②怎样鉴定有无酒精产生？怎样鉴定有无CO_2产生？如何比较CO_2产生的多少？
③怎样保证酵母菌在整个实验过程中能正常生活？
（2）结合教材第91页"参考资料"及装置，写出实验方法和步骤。
_____

进行实验：按照写出的方法和步骤进行操作，记录实验结果。

观察项目	有氧装置	无氧装置
酸性重铬酸钾检验结果		
澄清石灰水浑浊程度		
溴麝香草酚蓝水溶液变色快慢		

实验结论：_____。
思考1-1：分析该实验的变量、对照关系。
①该实验的自变量、因变量分别是什么？
_____。

②两组实验是什么关系？有无专门的对照组？对比实验也叫什么对照？
_____。

③列举两个无关变量，对无关变量应做何要求？
_____。

【总结概括】用反应式写出酵母菌有氧呼吸、无氧呼吸的原料和产物：_____
_____。

【拓展应用】我国的酿酒技术历史悠久，古人在实际生产中积累了很多经验。谈谈你所知道的家庭酿酒操作。

思考1-2：做米酒时，将酒曲与蒸熟的米混合后要在中间挖一个洞，这样做的目的是_____。而后又要进行密封发酵的原因是_____。

学习评价

评价标准：

A$^+$级——积极参与合作探究，探究方案正确、操作规范，能正确回答思考题。

A级——较积极地参与合作探究，在教师引导下能完成探究方案和操作，并回答思考题。

B级——未能完成实验探究，不能回答部分思考题或较难的问题。

自我评价等级：（　　）　　教师评价：_____。

课后检测

A组题（概念检测）

1. 细胞呼吸的实质是（　　）

   A. 合成有机物，储存能量　　B. 分解有机物，释放能量
   C. 合成有机物，释放能量　　D. 分解有机物，储存能量

2. 在检验酵母菌细胞呼吸产物时，常用到一些特殊的颜色反应，下列描述不正确的是（　　）

   A. 二氧化碳使澄清的石灰水变混浊
   B. 二氧化碳可使溴麝香草酚蓝溶液由蓝变绿再变黄
   C. 酒精在碱性条件下能与灰绿色的重铬酸钾溶液反应变成橙色
   D. 酒精在酸性条件下能与橙色的重铬酸钾溶液反应变成灰绿色

3. 在适宜温度等条件下，某同学利用如图装置、淀粉溶液、酵母菌等进行酒精发酵的研究，其中X溶液用于检测相关发酵产物。下列分析正确的是（　　）

   A. 酵母菌可直接将淀粉氧化分解，并使其释放能量
   B. 呼吸作用产生的ATP和CO_2，使装置内培养液的温度升高，体积增大

C. 在发酵过程中，始终关闭气阀或频繁打开气阀都会影响酒精的产生速率

D. X 溶液是溴麝香草酚蓝水溶液或酸性重铬酸钾溶液，可用于检测 CO_2 或酒精的产生量

4. 如图为"探究酵母菌细胞呼吸的方式"的实验装置图，C、E 瓶为澄清石灰水，请据图分析：

(1) A 瓶加入的试剂是_____，其目的是_____，B 瓶中酵母菌细胞呼吸的场所为_____。

(2) 乙装置的酵母菌产生 CO_2 的部位是_____。酵母菌与乳酸菌在结构上最主要的区别是：前者_____。

(3) D 瓶应封口放置一段时间后，再连通 E 瓶，其原因是_____。

(4) 图中装置有无错误之处？如果有，请在相应的图中加以改正。

B 组题（应用检测）

5. 下图表示测定保温桶内温度变化的实验装置。某研究小组以该装置探究酵母菌在不同条件下细胞呼吸的情况。材料用具：保温桶（500 mL）、温度计、活性干酵母、质量浓度为 0.1 g/mL 的葡萄糖溶液、棉花、石蜡油。

实验假设：酵母菌在有氧时的细胞呼吸比无氧时的细胞呼吸放出的热量多。

(1) 取 A、B 两装置设计实验如下，在适宜条件下实验。请补充下表中的内容。

装置	步骤一	步骤二	步骤三
A	加入 240 mL 的葡萄糖溶液	加入 10 g 活性干酵母	①_____
B	加入 240 mL 煮沸后冷却的葡萄糖溶液	②_____	加入石蜡油，铺满液面

(2) 表中表示酵母菌在有氧条件下细胞呼吸的装置是_____（填"A"或"B"）。

(3) B 装置葡萄糖溶液煮沸的主要目的是_____，这是控制实验的_____变量。

(4) 实验预期：若有氧呼吸放出的热量更多，则 30 分钟后装置 A、B 温度大小关系是 A_____（填"<""="或">"）B，假设成立。

分课时9　细胞呼吸（二）：细胞呼吸的原理及应用

一、课时目标

1. 通过资料分析，阐明有氧呼吸过程的物质变化与能量变化，领会细胞的有氧呼吸是逐步释放能量的氧化反应。
2. 通过比较有氧呼吸与无氧呼吸过程的异同，感知生物体在漫长的自然选择中进化出不同的代谢方式。
3. 关注细胞呼吸在生活中的应用，能利用细胞呼吸的原理指导生产生活，认同科学技术的重要价值。

二、评价任务

1. 分析资料，完成任务一中的讨论 1~讨论 3、思考 1-1~思考 1-5 及构建模型。（检测课时目标 1）
2. 分析资料，完成任务二中思考 2-1、思考 2-2、讨论 4。（检测课时目标 2）
3. 阅读、分析，完成任务三中活动 3 的问题 1~问题 6、练习。（检测课时目标 3）

三、学习经历

任务一：探究有氧呼吸过程的物质变化和能量变化。（指向课时目标 1）

活动 1. 分析下列资料 1~资料 3，回答问题。

资料 1：科学家研磨肝脏组织，调节到适宜 pH，再离心获取肝细胞的细胞质基质（A 组）、线粒体（B 组）和细胞匀浆（含细胞质和各种细胞器，C 组），分别向每组中加入等量葡萄糖、荧光素和荧光素酶三种物质，在适宜温度下进行实验。每隔一定时间检测各组葡萄糖的含量，结果如下图所示，其中 A 组有微弱荧光，B 组没有荧光，C 组有荧光产生。

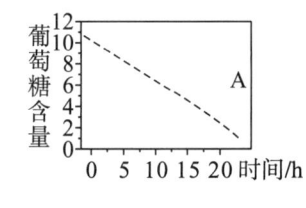

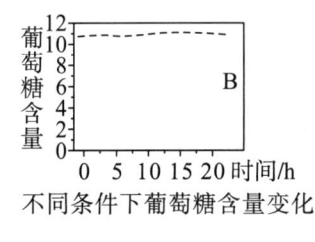

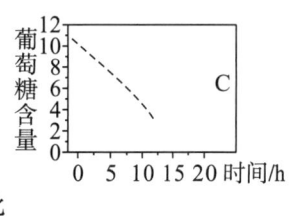

不同条件下葡萄糖含量变化

讨论 1：推测细胞中分解葡萄糖的场所在哪里？各组间的荧光强弱不同说明了什么？线粒体能直接利用葡萄糖吗？

思考1-1：科学研究证明1分子葡萄糖在细胞质基质中分解成2分子丙酮酸，产生少量[H]，并释放少量能量。用反应式表示该阶段的物质、能量变化：_____
_____。

资料2：现用超声波将线粒体破碎，分离出线粒体膜（A组）、线粒体基质（B组），线粒体基质和线粒体膜（C组）。分别向两组中加入等量丙酮酸、荧光素、荧光素酶和溴麝香草酚蓝水溶液，一段时间后测量丙酮酸含量并观察溶液颜色变化。

实验结果如下：

场所	实验结果			实验结论
	丙酮酸含量	溴麝香草酚蓝水溶液颜色	有无荧光	
线粒体膜（A组）	无变化	蓝色	无	
线粒体基质（B组）	减少	黄色	微弱	
线粒体基质和线粒体膜（C组）	减少	黄色	强	

讨论2：从三组实验结果推测，细胞中分解丙酮酸的场所在哪里？B组荧光微弱说明什么？C组荧光又变强，说明丙酮酸分解的产物还需要在哪里继续反应才能产生大量能量？
_____
_____

思考1-2：结合B组溶液呈黄色及讨论2的推测，用反应式表示该阶段的物质、能量变化：_____。

资料3：1968年E.Racker等用超声波将线粒体破碎，获得线粒体内膜碎片卷成颗粒朝外的小囊泡。这些小囊泡被证实具有氧化[H]的功能。当用胰蛋白酶处理小囊泡时，朝外的颗粒解离下来而使剩下的小泡不再有氧化[H]的功能，且不再实现ADP磷酸化生成ATP。将解离下来的颗粒重新装配到无颗粒的小泡上，则小囊泡又恢复相应功能。

讨论3：线粒体内膜上的颗粒是否参与氧化[H]？这种颗粒能被胰蛋白酶破坏，且与[H]被氧化有关，说明该颗粒含有什么？
_____

思考1-3：结合有氧呼吸需要O_2参与的事实及上述分析，推测线粒体内膜上发生了怎样的物质、能量变化（用反应式表示出来）：_____。

【建构模型】 综合以上分析，在下图结构中建构有氧呼吸过程的物质和能量变化模型。

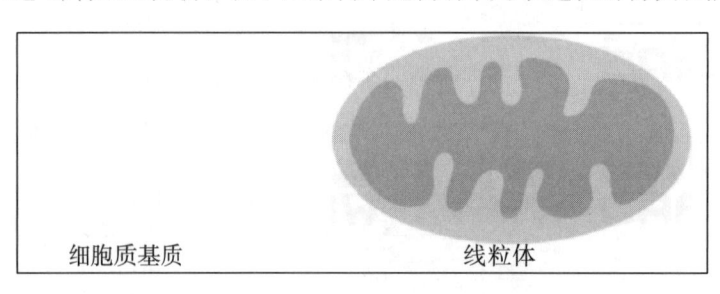

细胞质基质　　　　　　　　线粒体

活动2. 阅读教材第93页的"思考·讨论"，回答：

思考1-4：根据"1 mol 葡萄糖彻底氧化分解可以释放出 2780 kJ 的能量，可使 977.28 kJ 左右的能量储存在 ATP 中，其余的能量则以热能的形式散失掉了"计算可知，有氧呼吸的能量转化效率是_____，这些能量大约能使_____mol ADP 转化为 ATP，以热能散失的能量所占百分比大约为_____。

思考1-5：与燃烧迅速释放能量相比，有氧呼吸中能量释放有何特点？这对生物体的生命活动有什么意义？

_____

【建构概念】根据以上探究，总结有氧呼吸的概念：_____

_____

任务二：比较有氧呼吸与无氧呼吸的区别。（指向课时目标2）

活动3. 分析下列资料4，回答问题。

资料4：金鱼能在严重缺氧环境中通过无氧呼吸生存若干天，因其肌肉细胞和其他组织细胞能进行无氧呼吸。但科学研究发现这两类细胞无氧呼吸的产物不同，这缘于两类细胞的细胞质基质中催化③、⑤阶段的酶不同，且③、⑤阶段均不再释放能量。

下图为金鱼在缺氧状态下的两种无氧呼吸途径，其中物质 X 为丙酮酸。

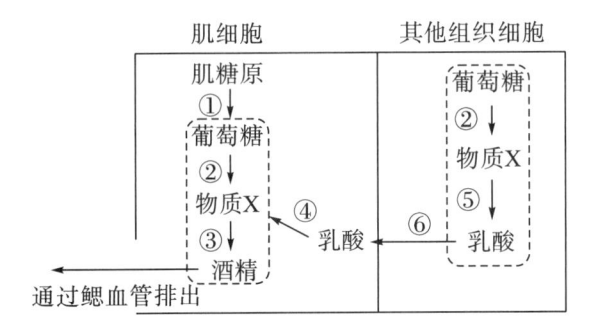

思考2-1：由于图中②阶段与有氧呼吸第一阶段相同，据此推知②阶段发生的场所在_____，其产物除了图中 X 外还有_____及少量能量。图中③、⑤过程均为无氧呼吸的第二阶段，据题干信息可知无氧呼吸发生的场所是_____。

【建构总反应式】

(1) 请结合以上分析及酵母菌无氧呼吸还会产生 CO_2 的现象，写出产生酒精的无氧呼吸的总反应式：_____。

(2) 图中金鱼的其他组织细胞还可通过无氧呼吸将丙酮酸转化为乳酸，而不再有产生 CO_2。请据此写出产生乳酸的无氧呼吸的总反应式：_____。

【拓展应用】苹果放久了会有酒味、人剧烈运动后会肌肉酸痛，请用无氧呼吸原理对此进行解释。你还能举出哪些类似的实例？微生物的无氧呼吸又叫什么？

_____

讨论4：与有氧呼吸相比，无氧呼吸中葡萄糖的氧化分解程度和释放能量多少有何不同？葡萄糖在无氧呼吸过程中未释放的能量存留于什么物质中？

_____

_____

思考 2-2：列表说明有氧呼吸和无氧呼吸在物质变化和能量变化上的异同。

任务三：运用细胞呼吸原理指导生产生活实践。（指向课时目标 3）

活动 3. 阅读教材第 95 页的"思考·讨论"，回答问题。

问题 1. 包扎伤口时选用透气纱布的原因：_____。

问题 2. 利用酵母菌酿酒时往往先通气后密封发酵的原因：_____

_____。

问题 3. 松土能增进肥效的原因：_____。

问题 4. 储存蔬菜和水果的条件是_____，储存粮食的条件是_____，目的是_____。

问题 5. 皮肤破损较深或被锈钉扎伤，容易患破伤风的原因：_____

_____。

问题 6. 有氧运动能避免肌肉酸痛的原因：_____。

练习. 下列关于细胞呼吸原理应用的说法，错误的是（　　　）

A. 提倡慢跑运动，是为防止肌细胞进行无氧呼吸产生乳酸而引起酸胀乏力

B. 中耕松土是指在作物生长期中，在植株之间进行松土并去除杂草的一项栽培措施，其作用之一是利于根细胞对矿质离子的主动吸收

C. 食醋酿造需要密封容器并在适宜温度下保存，以加快好氧菌醋酸杆菌的繁殖，利于食醋生产

D. 花生播种时埋种不要太深，以保证种子的有氧呼吸而利于萌发

学习评价

评价标准：

A⁺级——积极思考、讨论，能从资料中获取关键信息，能总结出两种细胞呼吸的场所、物质和能量变化及其差异，能运用两种细胞呼吸原理指导生产生活实践。

A 级——较积极地思考讨论，在教师引导下能解读出资料中的关键信息、总结两种细胞呼吸的场所、物质和能量变化及其差异，以及运用两种细胞呼吸原理指导生产生活实践。

B 级——从资料中获取关键信息感到困难，对两种细胞呼吸的物质、能量变化原理梳理不清，运用呼吸原理解决实践问题存在困难。

自我评价等级：（　　　）　　教师评价：_____

课后检测

A 组题（概念检测）

1. 如下图表示葡萄糖在细胞内氧化分解的某一途径，①②③表示过程，X、Y 表示物质。下列判断错误的是（　　）

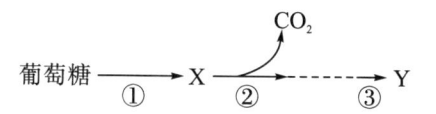

   葡萄糖 —①→ X —②→ ⋯⋯③⋯⋯→ Y，②过程产生 CO_2

   A. X 是丙酮酸　　　　　　　　B. ②过程必须有 CO_2 参与
   C. ③过程必须有 O_2 参与　　　D. Y 是 H_2O

2. 如图为线粒体的结构示意图，其中不可能发生的反应是（　　）

   A. ②处产生 CO_2　　　　　　B. ①处产生 ATP
   C. ②处产生 [H]　　　　　　　D. ③处发生 [H] 与 O_2 的结合反应

3. 马铃薯块茎进行无氧呼吸时只能释放少量能量，其他能量（　　）

   A. 储存在葡萄糖中　　　　　　B. 存留于酒精中
   C. 存留于乳酸中　　　　　　　D. 以热能形式散失

4. 下列与细胞呼吸有关的叙述，正确的是（　　）

   A. 无氧呼吸可能会发生在富含氧气的细胞中
   B. 人体在剧烈运动时 CO_2 主要来自细胞质基质
   C. 小麦根部被水淹时产生的乳酸会影响载体的活性
   D. 蛔虫有氧呼吸时吸收的 O_2 与产生的 CO_2 量相等

5. 下图表示真核细胞呼吸的部分过程，能在细胞质基质中发生的是（　　）

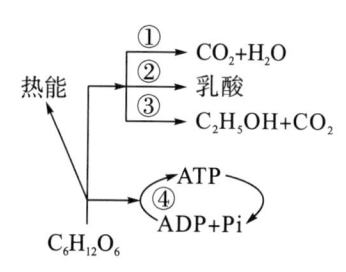

   $C_6H_{12}O_6$ → ① CO_2+H_2O　② 乳酸　③ $C_2H_5OH+CO_2$；热能；④ ATP ⇌ ADP+Pi

   A. ①②③　　B. ②③④　　C. ①③④　　D. ①②④

6. 葡萄糖是细胞呼吸最常利用的物质，将一只实验小鼠放入含有 $^{18}O_2$ 气体的容器中，$^{18}O_2$ 进入细胞后，最先出现含 ^{18}O 的化合物是（　　）

   A. 丙酮酸　　B. 乳酸　　C. 二氧化碳　　D. 水

7. 呼吸作用原理在生产生活中具有广泛应用，下列相关叙述错误的是（　　）

A. 在马拉松长跑的过程中，人体 CO_2 释放量与 O_2 消耗量之比为 1∶1

B. 若不慎受伤，应选择消毒透气的纱布或"创可贴"包扎伤口

C. 在储存粮食、新鲜蔬菜和水果时，应降低环境温度并保持干燥

D. 给土壤松土可促进根系呼吸，有利于对矿质元素的吸收

B 组题（应用检测）

8. 人体运动强度与氧气消耗量、血液中乳酸含量的关系如图所示（假定呼吸作用的底物全为葡萄糖），下列有关说法错误的是（　　　）

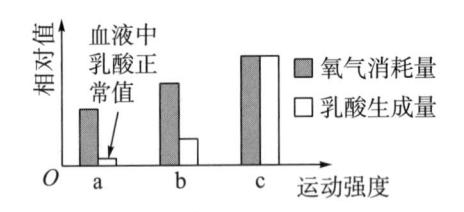

A. 不同运动状态下，肌肉细胞中 CO_2 的产生量等于 O_2 的消耗量

B. 无氧呼吸时，葡萄糖的能量大部分以热能形式散失，其余储存在 ATP 中

C. 运动强度为 c 时，无氧呼吸消耗的葡萄糖是有氧呼吸的 3 倍

D. 若运动强度长时间超过 c，肌细胞会积累大量乳酸使肌肉酸胀乏力

9. 图甲为呼吸作用示意图，图乙为线粒体结构模式图，图丙为酵母菌在不同 O_2 浓度下的 CO_2 释放速率。据图回答问题。

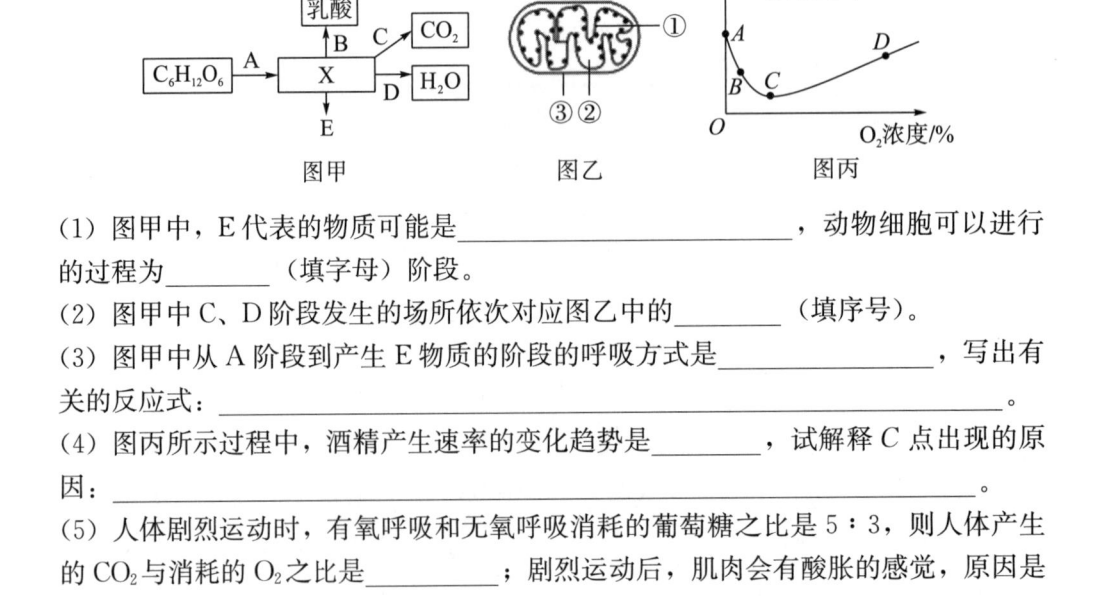

(1) 图甲中，E 代表的物质可能是_____，动物细胞可以进行的过程为_____（填字母）阶段。

(2) 图甲中 C、D 阶段发生的场所依次对应图乙中的_____（填序号）。

(3) 图甲中从 A 阶段到产生 E 物质的阶段的呼吸方式是_____，写出有关的反应式：_____。

(4) 图丙所示过程中，酒精产生速率的变化趋势是_____，试解释 C 点出现的原因：_____。

(5) 人体剧烈运动时，有氧呼吸和无氧呼吸消耗的葡萄糖之比是 5∶3，则人体产生的 CO_2 与消耗的 O_2 之比是_____；剧烈运动后，肌肉会有酸胀的感觉，原因是_____。

分课时10、11　光合作用与能量转化（一）：捕获光能的色素和叶绿体的结构

一、课时目标

1. 通过"探究·实践"的分组实验，能成功提取和分离绿叶中的色素。
2. 基于科学证据，能识别不同色素的吸收光谱，科学解释大棚种植中补充红光或蓝紫光的原因，并能学以致用。
3. 基于恩格尔曼的实验证据，认识叶绿体的功能。观察叶绿体模式图，运用结构与功能观阐述叶绿体适于进行光合作用的原因。

二、评价任务

1. 进行实验操作，完成任务一中思考1-1~思考1-4，展示纸层析结果。（检测课时目标1）
2. 分析资料和曲线图，完成任务二中思考2-1。（检测课时目标2）
3. 分析资料，完成任务三中讨论1~4、思考3-1。（检测课时目标3）

三、学习经历

【情景引入】玉米白化苗是种植过程中常见的一种病害，因不能合成叶绿素而表现为全株白色，白色植株不能进行光合作用最终死亡。叶绿素的作用是什么？

任务一：进行绿叶中色素的提取和分离实验。（指向课时目标1）

活动1. 阅读教材第98~99页"探究·实践"，回答下列思考题，领悟其实验原理和方法。

思考1-1：提取绿叶中的色素的原理和方法是什么？分离绿叶中的色素的方法和原理是什么？

思考1-2：提取过程中所需无水乙醇、二氧化硅、碳酸钙的作用分别是什么？

思考1-3：滤纸条为什么要剪去两角？分离色素时应如何画滤液细线？为什么层析液不能没及滤液细线？

活动2. 根据教材第98页的"方法步骤"进行实验操作，获得纸层析结果。回答问题。

展示或绘制实验结果：将你的实验结果——纸层析条粘贴在下面空白处，并标注出

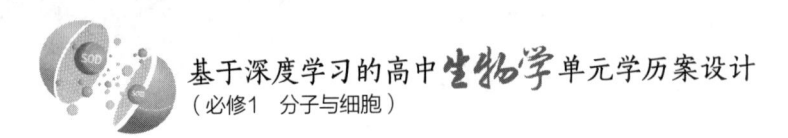

各种色素的名称、含量最高和最低的色素。

思考1-4：将你的实验结果与其他小组做比较，若你的实验效果不佳（如色素颜色过浅，某些色素带未出现或弯曲、重叠），讨论其原因及改进措施。
_____。

任务二：探究不同色素的吸收光谱。（指向课时目标2）

活动3. 分析下列资料，识别不同色素的吸收光谱，回答思考2-1。

资料：当阳光穿过三棱镜（分光镜）时会形成不同颜色的光带。科学家将绿叶中获得的色素滤液放在阳光与三棱镜之间，结果出现了两条暗带分别在红光区、蓝紫光区（图1）。再分别让不同颜色的光照射色素溶液，得到了如下吸收光谱（图2，教材第99页图5-12）。

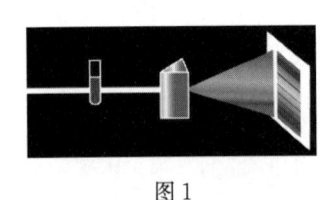

图1

图2

思考2-1：分析图2可以看出，叶绿素a和叶绿素b主要吸收_____光，类胡萝卜素主要吸收_____光。由此推测植物工厂在夜间应为植物补充什么颜色的光？_____。

任务三：探究叶绿体的功能及其适于光合作用的特点。（指向课时目标3）

活动4. 分析教材第100页"思考·讨论"中资料1和资料2，完成下列讨论（同教材第101页"讨论"1~4题）、思考3-1。

讨论：

1. 恩格尔曼第一个实验的结论是什么？
_____

2. 恩格尔曼在选材、实验设计上有什么巧妙之处？
_____

3. 在第二个实验中，大量的需氧细菌聚集在红光和蓝紫光区域，为什么？
_____

4. 综上所述，你认为叶绿体具有什么功能？_____。

思考3-1：根据教材第100页的图5-13，分析叶绿体中的色素位于什么部位，总结叶绿体与光合作用相适应的特点。

学习评价

评价标准：

A^+级——认真完成实验操作，获得正确的实验结果，完成资料分析及探究任务，能准确完成相应讨论、思考题。

A级——在教师引导下完成实验操作，得到较好的实验结果，完成资料分析及探究任务，能准确完成相应讨论、思考题。

B级——不能完成上述实验和探究任务，不能回答部分或较难的问题。

自我评价等级：（   ）   教师评价：_____。

课后检测

A组题（巩固学习）

1. 下列关于绿叶中色素的提取与分离实验的叙述，错误的是（   ）
   A. 加入$CaCO_3$是为了防止色素被破坏
   B. 加入SiO_2有利于破坏叶肉细胞
   C. 分离色素时塞紧试管口是为了防止层析液挥发
   D. 滤纸条上的滤液细线中的色素越少越利于色素分离

2. 如图是利用新鲜的菠菜叶进行"绿叶中色素的提取和分离"的实验，滤液经层析后，色素带在滤纸条上的分布情况，下列说法正确的是（   ）

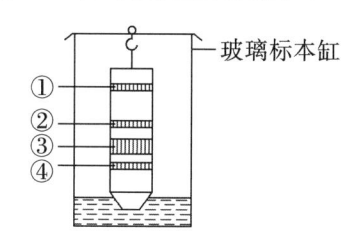

   A. ①是叶黄素，②是胡萝卜素，它们都是类胡萝卜素
   B. ③是叶绿素b，其含量最多
   C. ④的溶解度最高，扩散速度最慢
   D. 菠菜叶如果摆放时间过长，实验中③④色素带宽度会变窄

3. 在"绿叶中色素的提取和分离"实验中得到的色素带颜色较浅，分析其原因可能是（   ）
   ①加入的提取液太多 ②用无水乙醇代替丙酮 ③研磨时没有加入碳酸钙 ④研磨

时没有加入二氧化硅　⑤取的叶片叶脉过多，叶肉细胞过少　⑥画滤液细线的次数少　⑦使用放置数天的菠菜叶

A. ①③⑦　　　　　　　　　　　　B. ②④⑤
C. ①③④⑤⑥⑦　　　　　　　　　D. ②③④⑤⑥

4. 下图为正常绿色植物的叶绿素a的吸收光谱、叶绿体色素总吸收光谱以及光合作用的作用光谱（作用光谱代表各种波长下植物的光合作用效率），以下对该图的分析错误的是（　　）

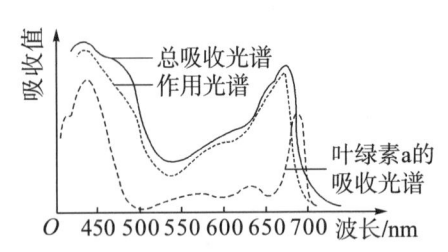

A. 图示表明叶绿素a主要吸收红光和蓝紫光
B. 总吸收光谱是代表叶绿体四种色素对光能的吸收
C. 图示表明只有叶绿素a吸收的光能才能用于光合作用
D. 总吸收光谱与光合作用的作用光谱基本一致，说明叶绿体色素吸收的光能都能参加光合作用

5. 恩格尔曼用极细的光束照射载有水绵和需氧细菌的临时装片①，将临时装片②暴露在光下，结果如图所示。下列关于该实验的叙述错误的是（　　）

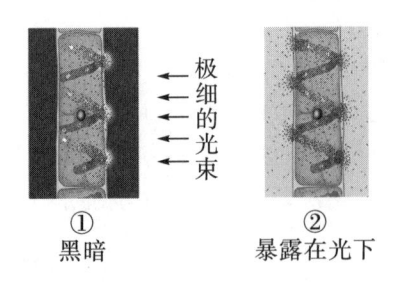

A. 实验开始前，临时装片都要先进行通气处理
B. 该对照实验可以证明叶绿体是进行光合作用的场所
C. 临时装片中的需氧细菌的聚集位置说明光合产物中有氧气
D. 用透过三棱镜的光束照射临时装片①，会得到与该图示不同的结果

B 组题（拓展学习）

6. 北方秋季，银杏、黄栌、红枫等树种的叶片由绿变黄或变红，一时间层林尽染，分外妖娆。低温会造成叶片吸收光的能力减弱，其中吸收明显减少的是（　　）

A. 黄光、红光　　　　　　　　　　B. 红光、蓝紫光
C. 蓝紫光、绿光　　　　　　　　　D. 绿光、黄光

7. 下面是甲、乙、丙三位同学进行"绿叶中色素的提取和分离"实验的过程，请据图

回答：

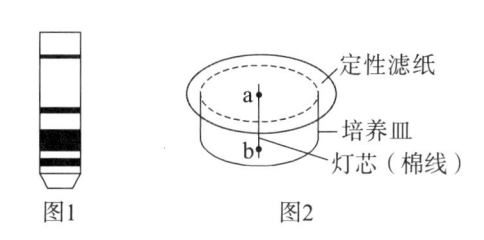

图1　　图2

(1) 甲同学选用新鲜菠菜的绿色叶片进行实验，在滤纸上出现了四条清晰的色素带，如图 1 所示。甲同学分离色素的方法是_____，滤纸条上色素带位置的不同主要取决于_____。从上往下数，叶黄素位于第_____条色素带。

(2) 乙同学改变甲同学所用层析液组成后继续进行实验，在滤纸条上出现了黄、绿两条色素带。他用刀片裁出含色素带的滤纸条，用乙醚分别溶解条带上的色素，浓缩后用一光学分析仪器检测，通过分析色素溶液的_____来判断色带上的色素种类。

(3) 丙同学对甲同学"绿叶中色素的分离"实验进行改进，实验装置如图 2 所示。该同学应将提取到的滤液滴在_____（填"a"或"b"）处，棉线灯芯下端应浸没在_____中。实验结果得到四个不同颜色的同心圆，排列在最内侧的色素是_____（填色素的名称）。

分课时12　光合作用与能量转化（二）：光合作用的原理

一、课时目标

1. 基于光合作用科学史的实验证据建构光合作用的概念，体会人类对光合作用的认识过程是逐步发展的。

2. 通过建构光合作用模型，从物质和能量观的视角阐明光合作用的物质变化与能量变化，说明光合作用的意义。

二、评价任务

1. 阅读、分析，完成任务一中思考 1-1～思考 1-4、讨论 1～4、【建构概念】。（检测课时目标 1）

2. 阅读、总结，完成任务二中思考 2-1～思考 2-5、【建构模型 1】～【建构模型 3】。（检测课时目标 2）

三、学习经历

任务一：探索光合作用的原理。（指向课时目标 1）

活动 1. 阅读教材第 102～103 页"思考·讨论"，分析"探索光合作用的相关实

验",回答问题。

思考1-1：1928年科学家发现"甲醛不能通过光合作用转化成糖",对之前19世纪末的"普遍认识"有何影响？

思考1-2：希尔实验说明光合作用中的氧气是如何产生的？

思考1-3：阿尔农在1954年和1957年的发现,说明水的光解还会伴随产生什么物质？

讨论（同教材第103页讨论1～4题）：
1. 希尔实验能否说明植物光合作用产生的氧气中的氧元素全部来自水？为什么？

2. 希尔实验能否说明水的光解与糖的合成不是同一个化学反应？

3. 分析鲁宾和卡门的实验,你能得出什么结论？

4. 尝试用示意图表示ATP的合成与希尔反应的关系。

活动2. 分析下列资料,探明光合作用中C的转移路径。

资料：1946年,美国科学家卡尔文将多组小球藻置于密闭容器中,对其提供持续的光照和CO_2,让其光合作用处于相对稳定状态。然后,在短时间内加入放射性同位素标记的$^{14}CO_2$,5秒光照后,卡尔文检测到含^{14}C的C_3（三碳化合物）和葡萄糖。而当他把检测时间设定在0.5 s时,含^{14}C的C_3是第一个出现的稳定产物。卡尔文以此来推测CO_2中的C的转移路径。

思考1-4：根据资料1推测光照下植物体内CO_2中的C的转移路径是怎样的？

【建构概念】综合以上实验证据,建构光合作用的概念：光合作用是指绿色植物通过_____,利用光能把_____转化成储存能量的_____,并释放_____的过程。

任务二：阐明光合作用的原理和意义。（指向课时目标2）
活动3. 阅读教材第102～104页的内容,回答问题。
思考2-1：光反应的场所、条件是什么？光反应中发生了哪些物质变化？其能量变化是怎样的？

【建构模型1】在下列光反应模型的横线上填写相应物质。

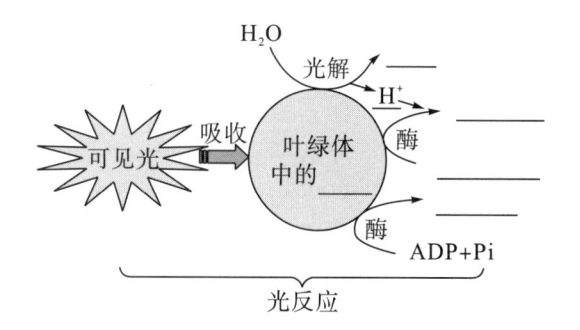

思考2-2：光反应形成的NADPH、ATP的去向是怎样的？

思考2-3：暗反应的场所在哪里？该阶段的物质变化和能量变化是怎样的？

【建构模型2】

（1）请在下列暗反应模型的横线上填写相应物质。

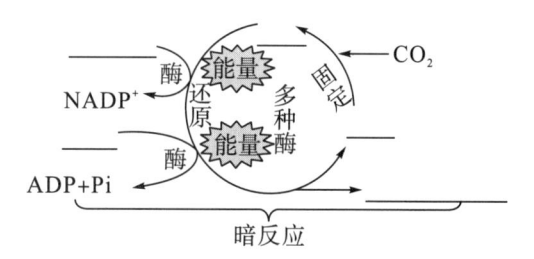

（2）请在下图中填充完善光合作用模型。

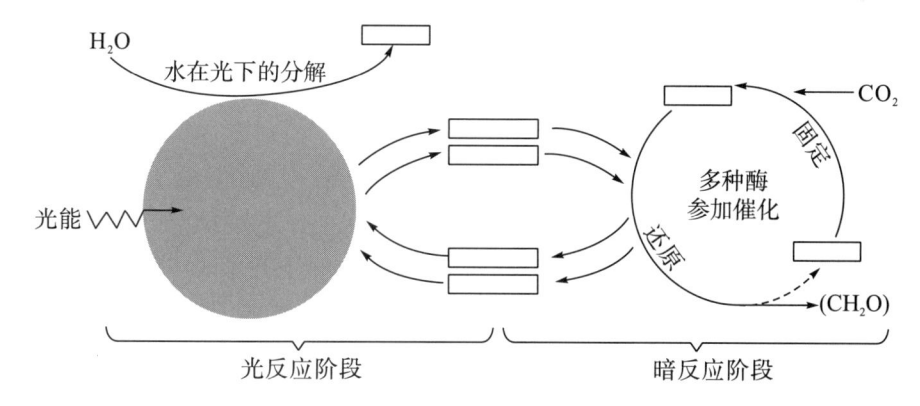

（3）光反应和暗反应在物质和能量上有何联系？

【建构模型3】写出光合作用总反应式[有机物用"糖类（CH₂O）"表示]：

思考2-4：从物质与能量的关系角度，分析光合作用中物质变化与能量变化的关系。

思考2-5：从生物界中物质和能量来源的角度，分析光合作用的意义。

学习评价

评价标准：
　　A⁺级——积极分析、讨论，能完成相应思考题、建构模型。
　　A级——较积极地分析、讨论，在教师引导下能完成相应思考题、建构模型。
　　B级——思考、讨论不够积极，不能完成部分探究任务，对部分思考题或建构模型存在困难。
　　自我评价等级：（　　　）　　教师评价：_____。

【总结与反思】填表比较光反应与暗反应的区别和联系。

项目	光反应	暗反应
部位（场所）		
条件		
物质变化		
能量转换		
联系		

课后检测

A组题（概念检测）

1. 下列关于高等绿色植物生命活动的叙述，错误的是（　　　）
　　A. 植物光合作用释放的O_2是在叶绿体类囊体薄膜上产生的
　　B. 缺Mg导致叶绿素的含量减少，叶片吸收和转化的光能减少
　　C. 植物幼茎的绿色部分能进行光合作用制造糖类等有机物
　　D. 植物叶肉细胞在白天只进行光合作用，在夜晚只进行细胞呼吸

2. 用^{14}C标记的$^{14}CO_2$供小球藻进行光合作用，然后追踪检测其放射性。表示^{14}C转移途径最恰当的是（　　　）
　　A. $^{14}CO_2 \rightarrow 叶绿素 \rightarrow (^{14}CH_2O)$　　　　B. $^{14}CO_2 \rightarrow {}^{14}C_3 \rightarrow {}^{14}C_5 \rightarrow (^{14}CH_2O)$
　　C. $^{14}CO_2 \rightarrow {}^{14}C_5 \rightarrow (^{14}CH_2O)$　　　　D. $^{14}CO_2 \rightarrow {}^{14}C_3 \rightarrow (^{14}CH_2O) + {}^{14}C_5$

3. 如图是生活在适宜环境中的某植物光合作用部分过程的图解，其中A、B、C、D表示四种化合物，a、b表示两个生理过程，相关叙述错误的是（　　　）

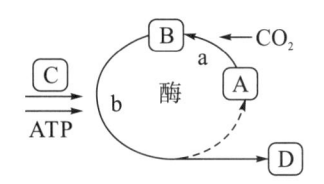

A. 该过程发生的场所为叶绿体基质
B. C 物质可以作为 b 过程的还原剂
C. 无光条件利于此过程的进行
D. 光反应产生的 ATP 用于图中反应

4. 光合作用过程包括光反应和暗反应，下图表示光反应与暗反应的关系，据图判断下列叙述错误的是（　　）

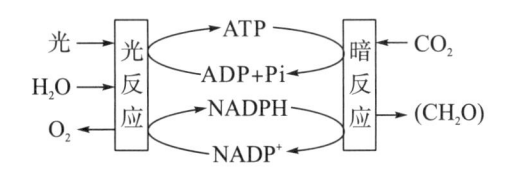

A. 光反应为暗反应提供 ATP 和 NADPH
B. 停止光照，叶绿体中 ATP 和 NADPH 含量下降
C. ATP 的移动方向是由类囊体薄膜到叶绿体基质
D. 植物在暗处可大量合成（CH_2O）

B 组题（应用检测）

5. 图甲表示光合作用部分过程的图解，图乙表示改变光照后，与光合作用有关的五碳化合物（C_5）和三碳化合物（C_3）在细胞内的变化曲线。据图回答问题。

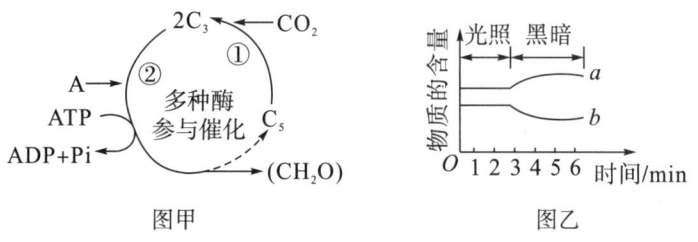

(1) 图中 A 表示的物质是_____，它是由_____产生的，其作用主要是_____。

(2) 图中 ATP 形成所需的能量最终来自_____。若用同位素标记$^{14}CO_2$，则^{14}C最终进入的物质是_____。

(3) 图中曲线 a 表示的化合物是_____，在无光照时，其含量迅速上升的原因是_____。

(4) 曲线 b 表示的化合物是_____，在无光照时，其含量下降的原因是_____。

分课时13　光合作用与能量转化（三）：光合作用的应用

一、课时目标

1. 通过设计、实施探究光照强度对光合作用强度的影响的实验，建构光照强度对光合作用强度影响的数学模型，学会探究环境因素对光合作用的影响。
2. 关注光合作用原理在农业生产上的应用，认同科学技术的重要价值。

二、评价任务

1. 设计实验思路，进行实验操作，完成任务一中讨论3、讨论4、【建构模型1】。（检测课时目标1）
2. 完成任务二中讨论5、讨论6。（检测课时目标2）

三、学习经历

【情境引入】2024年，联合国粮农组织发布的《世界粮食安全和营养状况》报告称，2023年全球约有7.33亿人面临饥饿，相当于全球每11人中就有1人食不果腹。而利用适宜的环境条件提高农作物的光合作用强度是缓解食物短缺、保障粮食安全的有效方法。

讨论1：什么是光合作用强度？它与农作物的产量有何关系？
_____

讨论2：影响光合作用强度的环境因素主要有哪些？简要说明其影响光合作用强度的原因。
_____

任务一：探究环境因素（以光照强度为例）对光合作用强度的影响。（指向课时目标1）

活动1. 设计"探究光照强度对光合作用强度的影响"的实验思路，回答问题。

讨论3：该实验的自变量、因变量及主要的无关变量是什么？实验中如何控制自变量？
_____

讨论4：阐述你的实验思路：_____。

实验操作：根据教材第105页"探究·实践"中"参考案例"的"方法步骤"进行实验（或观看实验视频）。

【建构模型1】下表中的数据为某科研小组得出的实验结果，请据此绘制光合作用强度（浮起的叶片数）随光照强度变化的曲线图。

灯泡距离（光照强度）	10 cm (3500 Lux)	8 cm (4300 Lux)	6 cm (5100 Lux)	4 cm (8400 Lux)	2 cm (15000 Lux)
10 min 后，叶圆片浮起数量（片）	0	13	17	26	30
20 min 后，叶圆片浮起数量（片）	17	21	29	30	30

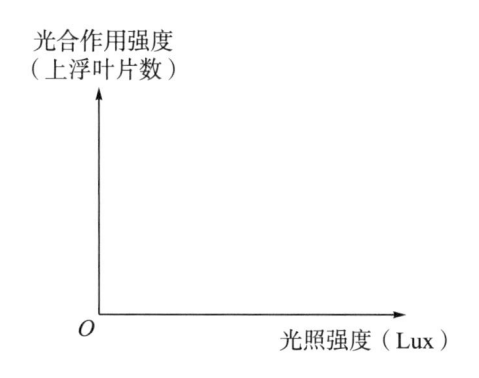

（坐标图：纵轴为光合作用强度（上浮叶片数），横轴为光照强度（Lux），原点 O）

由此得出实验结论：_____
_____。

任务二：运用光合作用原理解决生产实践问题。（指向课时目标 2）

讨论 5：根据光合作用原理和条件，提出增加农作物产量的措施并说明理由。
_____
_____

学习评价

评价标准：

A⁺级——积极思考、讨论，能设计出科学合理的实验方案并完成实验，能得出正确的数学模型和实验结论，正确回答农作物增产的措施及其理由。

A级——较积极地思考、讨论，在教师引导下能设计和完成探究实验及相应问题，但对较难问题的回答存在一定困难。

B级——未完成上述探究实验和部分较难的问题。

自我评价等级：（   ）   教师评价：_____。

【拓展练习】认识化能合成作用，完善对生物界合成有机物的认识。

活动 2. 阅读教材第 106 页第一段，认识硝化细菌的化能合成作用。

【建构模型 2】尝试用反应式表示硝化细菌制造有机物的过程。
_____
_____

讨论 6：从物质变化、能量来源角度，比较化能合成作用与光合作用的异同。
_____

（小单元3）【小单元问题解决】如何从细胞物质代谢和能量代谢的角度提出使农作物增产的措施？（提示：依据细胞吸收营养物质、细胞呼吸、光合作用、酶的作用条件等原理作答）

_____

_____

（第二单元）【单元问题解决】对于工业酿酒与农业粮食生产相结合的产业，如何从细胞物质代谢和能量代谢的角度提出实现产业双边增产的措施？〔提示：从工业酿酒与作物种植之间的物质（有机物则包含能量）循环利用关系作答〕

_____

_____

课后检测

A 组题（概念检测）

1. 如图表示夏季晴朗的白天某种绿色植物叶片光合作用强度变化曲线。下列对此图的描述，错误的是（   ）

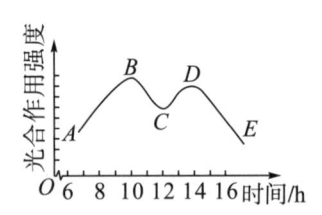

    A. AB 段光合作用强度变化的主要原因是光照强度

    B. BC 段光合作用强度下降是因为部分气孔关闭，CO_2 吸收量减少，暗反应速率下降

    C. DE 段光合作用强度变化的主要原因是温度

    D. 从图中可以推断限制光合作用的因素有光照强度、温度和 CO_2 浓度

2. 已知某植物光合作用和细胞呼吸的最适温度分别是 25℃、30℃，下图曲线表示该植物在 30℃时光合作用强度与光照强度的关系。若将温度调节至 25℃下（原光照强度、CO_2 浓度不变），从理论上讲，图中相应点的移动分别是（   ）

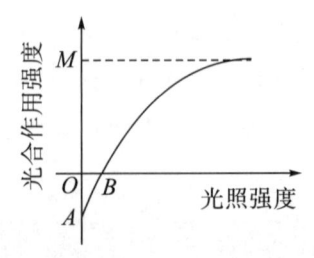

    A. A 点上移，B 点左移，M 值增大

B. A 点不移，B 点左移，M 值不变

C. A 点上移，B 点右移，M 值下降

D. A 点下移，B 点不移，M 值增大

3. 取生长旺盛的天竺葵叶片，用打孔器打出小圆片若干并抽取叶片细胞内的空气，均分后置于不同浓度的 $NaHCO_3$ 溶液中，给予相同的一定强度光照，记录小圆片上浮至液面所需时间，其结果绘制的曲线如图。相关叙述错误的是（　　）

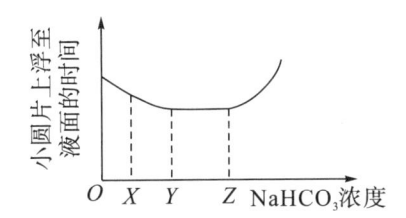

A. YZ 段平缓的限制因素可能是光照强度

B. Y 点比 X 点细胞内的 C_5 含量高

C. Z 点后曲线上行，应该是叶片细胞失水，代谢受影响所致

D. Y 点时叶肉细胞产生 ATP 的细胞器有叶绿体和线粒体

4. 下列关于硝化细菌的叙述，错误的是（　　）

A. 将二氧化碳和水合成糖类化合物所需能量为光能

B. 将二氧化碳和水合成糖类化合物所需能量为化学能

C. 硝化细菌细胞中含有将二氧化碳和水合成有机物的一系列酶

D. 硝化细菌和绿色植物一样，都是自养型生物

B 组题（应用检测）

5. 在温度适宜的条件下，测定植物叶片在不同光照强度下的 CO_2 吸收量，结果如下表。下列有关叙述正确的是（　　）

光照强度（klx）	0	2.0	4.0	6.0	8.0	10.0
CO_2 吸收量（$mg·100cm^{-2}·h^{-1}$）	−4.0	0	4.0	8.0	10.0	10.0

A. 该植物叶片在光照强度小于或等于 2.0 klx 时，不进行光合作用

B. 光照强度为 6.0 klx 时，叶片合成葡萄糖的速度为 12 mg·100cm^{-2}·h^{-1}

C. 光照强度为 8.0 klx 时，限制光合速率的主要环境因素是 CO_2 浓度

D. 光照强度为 10.0 klx 时，该植物在缺镁环境中的 CO_2 吸收量不变

6. 图甲表示 A、B 两种植物光合速率随光照强度改变的变化曲线，图乙表示将 A 植物放在不同浓度 CO_2 的环境条件下，A 植物光合速率受光照强度影响的变化曲线。分析回答下列问题。

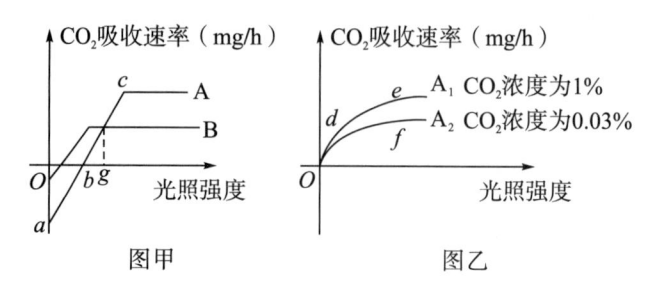

(1) 在较长时间连续阴雨的环境中，生长受到显著影响的植物是_____。

(2) 当光照强度为 g 时，比较植物 A、B 的有机物积累速率 M_1、M_2 的大小和有机物合成速率 N_1、N_2 的大小，结果分别为 M_1_____M_2、N_1_____N_2。（填"＞""＜"或"＝"）

(3) 图甲中的 a 点表示_____，如果用缺镁的培养液培养 A 植物幼苗，则 b 点的移动方向是_____。

(4) 下图与图甲中 c 点相符合的是_____。

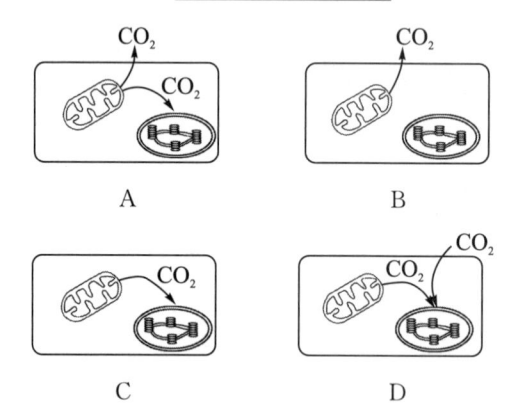

(5) 图乙中，e 点与 d 点相比较，e 点时叶肉细胞中 C_3 的含量_____；e 点与 f 点相比较，e 点时叶肉细胞中 C_3 的含量_____。（填"高""低"或"基本一致"）

(6) 增施农家肥可以提高光合速率的原因是：_____。

第三主题单元学历案

单元主题： 生物体的生老病死与细胞的生命历程密切相关。
生命观念： 细胞生命系统具有一定的发展变化规律（生命的系统观）。
课标要求： 重要概念——2.3 细胞会经历生长、增殖、分化、衰老和死亡等生命进程。
参考教材： 人教社 2019 年版《普通高中教科书 生物学 必修 1 分子与细胞》。
设计者： 胡华云、李金香。

Ⅰ．单元总览学历案

1．问题挑战

单元情景：白血病是由于造血干细胞发生癌变而失去造血功能（不能形成正常血细胞和免疫细胞）的恶性疾病。目前，根治白血病的有效方法是骨髓移植。骨髓移植治愈白血病的原理主要是：清除白血病细胞，植入健康人的骨髓，植入骨髓中的造血干细胞建立新的造血功能（参考自《骨髓移植学》，曹履先著）。

单元问题：移植到白血病人体内的骨髓，是如何治愈白血病的？

2．问题分解与学习内容

（说明：本单元仅有 4 个分课时，故未划分小单元）

单元问题	问题分解	学习内容	课时数
移植到白血病人体内的骨髓，是如何治愈白血病的？	移植到白血病人体内的骨髓中的造血干细胞，如何产生更多的造血干细胞而使患者恢复正常造血功能？	细胞的增殖	2
	移植到白血病人体内的骨髓中的造血干细胞如何形成各种血细胞和免疫细胞，从而根治白血病？	细胞的分化	1
	如果缺乏骨髓移植的条件，采用输入健康血液的方法能否根治白血病？	细胞的衰老和死亡	1

3. 单元目标

核心素养

- **生命观念**：通过对细胞的生命历程的学习，认识到生命始终处于发展变化之中，正确理解生命系统的发展变化规律，科学看待生与死，进而热爱生命，树立积极的生命价值观（生命观念水平2）

- **科学思维**：通过对有丝分裂的实质的学习、建模等，培养从现象到本质的抽象概括思维；通过对人体细胞的不断更替、细胞衰老和死亡与个体衰老之间的关系的学习，引导学生辩证地看待部分与整体的关系，发展辩证思维（科学思维水平2）

- **科学探究**：通过实验观察根尖分生区组织细胞的有丝分裂，训练选择合适的材料制作临时装片、使用高倍显微镜等操作技能（科学探究水平2）

- **社会责任**：通过认识细胞分化形成的不同种类细胞之间的分工合作、细胞凋亡对个体生命的积极意义，认同合作与奉献的社会意义；关注干细胞、细胞衰老的研究对增进人类健康的重要意义；关注我国的老龄化社会现状，形成关爱老年人的社会责任意识（社会责任水平2）

4. 学情分析

前备知识：在初中阶段学生已学习了细胞通过分裂产生新细胞，受精卵通过分裂、分化形成组织、器官并发育为多细胞生物体等基础知识，这为本单元教学奠定了基础。

新知挑战：学生在学习有丝分裂中染色体行为和数量、DNA 数量变化时有一定的困难，在理解细胞分化的原因、细胞全能性的概念、细胞衰老与个体衰老的关系时会感到抽象。

5. 学习支招

课前，认真浏览"单元总览学历案"，纵观单元整体学习任务。课中，利用学历案中"创设情景、科学探究、归纳总结、模型建构"的学习思路，帮助学生完成概念的构建，训练科学思维。通过讨论、合作探究等方式，完成本单元4个"思考·讨论"任务，1个"探究·实践"任务，突破学习难点。在单元教学结束后，再结合单元检测题（单元评价，参见本书所附电子资源），帮助学生学会知识迁移和解决实际问题。

6. 单元概览

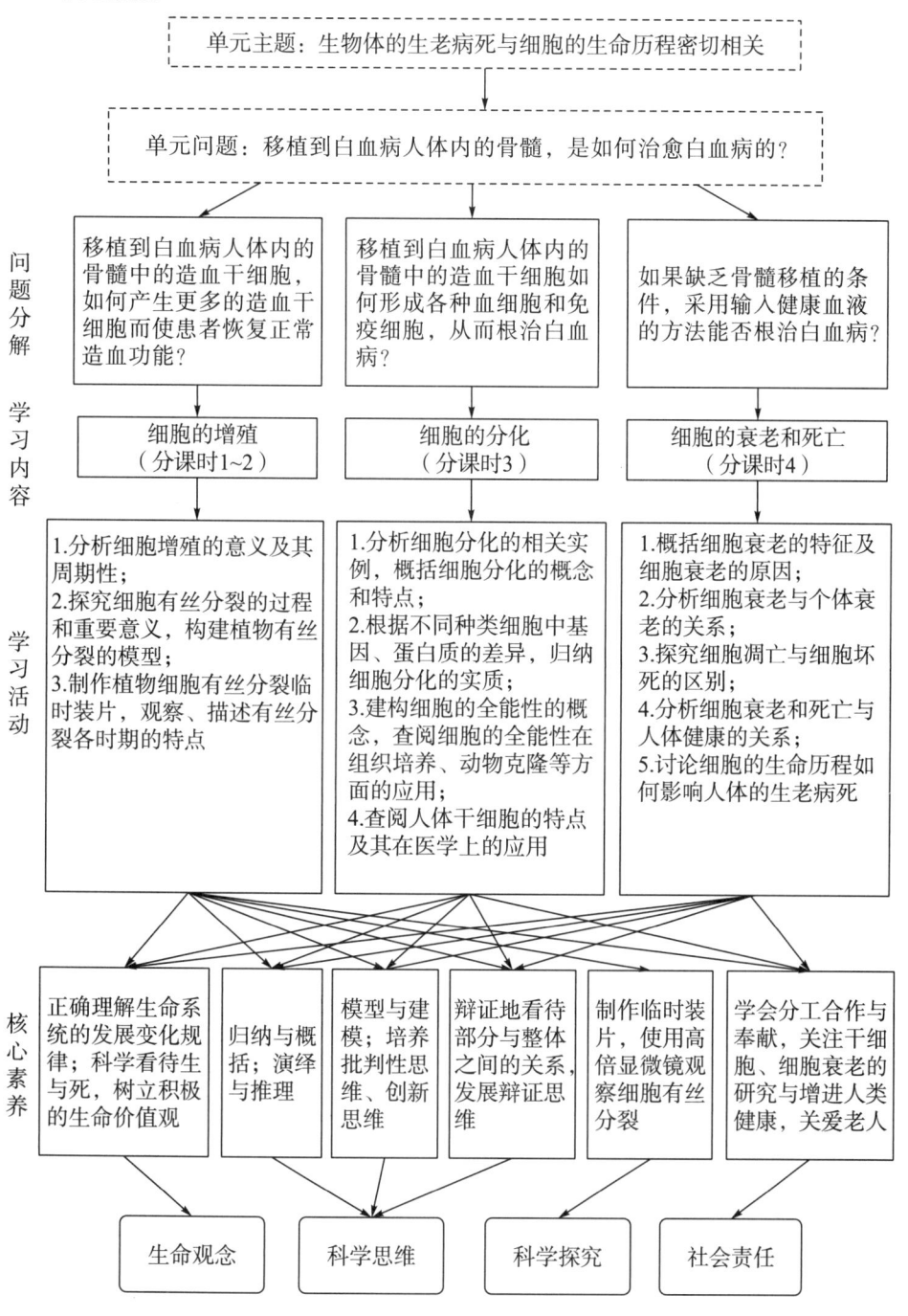

单元主题：生物体的生老病死与细胞的生命历程密切相关

单元问题：移植到白血病人体内的骨髓，是如何治愈白血病的？

问题分解：

- 移植到白血病人体内的骨髓中的造血干细胞，如何产生更多的造血干细胞而使患者恢复正常造血功能？
- 移植到白血病人体内的骨髓中的造血干细胞如何形成各种血细胞和免疫细胞，从而根治白血病？
- 如果缺乏骨髓移植的条件，采用输入健康血液的方法能否根治白血病？

学习内容：

- 细胞的增殖（分课时1~2）
- 细胞的分化（分课时3）
- 细胞的衰老和死亡（分课时4）

学习活动：

细胞的增殖：
1. 分析细胞增殖的意义及其周期性；
2. 探究细胞有丝分裂的过程和重要意义，构建植物有丝分裂的模型；
3. 制作植物细胞有丝分裂临时装片，观察、描述有丝分裂各时期的特点

细胞的分化：
1. 分析细胞分化的相关实例，概括细胞分化的概念和特点；
2. 根据不同种类细胞中基因、蛋白质的差异，归纳细胞分化的实质；
3. 建构细胞的全能性的概念，查阅细胞的全能性在组织培养、动物克隆等方面的应用；
4. 查阅人体干细胞的特点及其在医学上的应用

细胞的衰老和死亡：
1. 概括细胞衰老的特征及细胞衰老的原因；
2. 分析细胞衰老与个体衰老的关系；
3. 探究细胞凋亡与细胞坏死的区别；
4. 分析细胞衰老和死亡与人体健康的关系；
5. 讨论细胞的生命历程如何影响人体的生老病死

核心素养：

- 正确理解生命系统的发展变化规律；科学看待生与死，树立积极的生命价值观
- 归纳与概括；演绎与推理
- 模型与建模；培养批判性思维、创新思维
- 辩证地看待部分与整体之间的关系，发展辩证思维
- 制作临时装片，使用高倍显微镜观察细胞有丝分裂
- 学会分工合作与奉献，关注干细胞、细胞衰老的研究与增进人类健康，关爱老人

→ 生命观念 | 科学思维 | 科学探究 | 社会责任

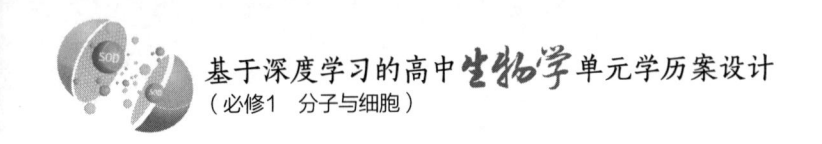

Ⅱ．分课时学历案

分课时1、2 细胞的增殖

一、课时目标

1. 举例说明细胞增殖与生物体生命活动的关系，阐明细胞增殖是生物体生长、发育、繁殖、遗传的基础。
2. 通过分析不同生物的细胞周期持续时间，阐述细胞增殖的周期性。
3. 通过制作植物根尖分生区组织细胞有丝分裂的临时装片，观察有丝分裂各时期的显微图像及模式图，阐述植物细胞有丝分裂各时期的主要特征。
4. 建构植物细胞有丝分裂模型，阐明有丝分裂在细胞的亲、子代间保持遗传稳定性的重要意义。
5. 比较动、植物细胞有丝分裂的异同点，认同有丝分裂的本质。

二、评价任务

1. 分析资料，完成任务一中思考1-1、思考1-2。（检测课时目标1）
2. 比较图示，完成任务二中思考2-1和练习1。（检测课时目标2）
3. 辨析，制作并观察临时装片，完成任务三中思考3-1、思考3-2、练习2、练习3。（检测课时目标3）
4. 完成任务四中【建构模型1、2】、练习4、思考4-1。（检测课时目标4）
5. 观察、比较，完成任务五中填表、练习5。（检测课时目标5）

三、学习经历及学习评价

任务一：探究细胞增殖与生物体生命活动的关系。（指向课时目标1）

活动1． 阅读教材110页"细胞增殖"和下列资料，回答问题。

资料：象与鼠的个体大小相差悬殊。一头象的细胞总数约有3720万亿个，而一只小鼠的细胞数量约为1.5~2.5万亿个。但大象的细胞几乎和老鼠的细胞一样大，细胞的直径一般是10微米。

思考1-1：以上资料说明生物体的长大，是靠细胞数量增多还是靠细胞体积增大？

思考1-2：单细胞生物的繁殖、多细胞生物体个体发育和细胞更新与细胞增殖有何关系？这说明细胞增殖在生物体生长发育、繁殖、遗传中有何意义？

任务二：认识细胞周期及其表示方法。（指向课时目标2）

活动 2. 阅读教材 111 页"表 6-1 不同细胞的细胞周期持续时间/h",回答问题。

思考 2-1：细胞周期的起点和终点分别是什么？一个细胞周期包括哪些阶段？分裂间期的作用是什么？

_____
_____

练习 1. 请用相应的字母或汉字、符号表示图中一个完整的细胞周期：图 1 中一个细胞周期可表示为_____；图 2 中一个细胞周期可表示为_____。

图 1

图 2

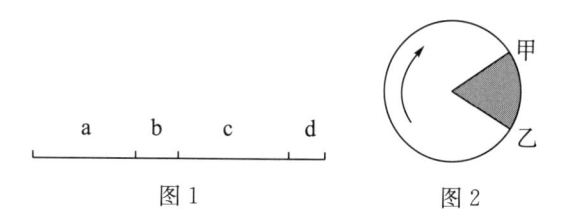

任务三：探究植物有丝分裂过程的主要特征。（指向课时目标 3）

活动 3. 辨析下列染色质、染色体、染色单体的变化，回答问题。

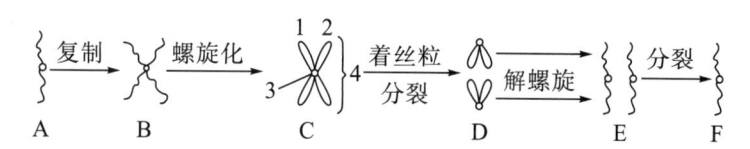

思考 3-1：上图表示一个细胞周期中染色质与染色体的形态变化。图中 A~F，呈染色质状态（丝状）的图形有_____，呈染色体状态（棒状）的图形有_____，含有染色单体的图形有_____。图中 A~F，染色体（质）数目依次是_____，DNA 分子数依次是_____。

活动 4. 阅读教材第 116 页"探究·实践"，制作临时装片并观察根尖分生区组织细胞的有丝分裂。并结合教材第 112 页图 6-2（或观看植物细胞有丝分裂动画），填表概述有丝分裂各时期的主要特征。

1. 分组实验：两人一组，以洋葱根尖为材料，按照教材第 116 页的"方法步骤"完成实验操作。

2. 结果观察：在教师指导下观察实验结果，初步认识有丝分裂各时期的图像。

思考 3-2：根据观察到的有丝分裂各时期的图像，结合教材第 112~113 页图 6-2，完善下表中有丝分裂各时期的主要特征。

时期	主要特征
前期	染色质丝螺旋缠绕成为_____。每条染色体包含两条_____。_____解体、_____消失。从细胞两极发出_____，形成梭形_____。
中期	每条染色体的_____排列在细胞中央平面上，该平面被称为_____板。

续表

时期	主要特征
后期	每个_____分裂成两个，_____分开成为子染色体并在纺锤丝牵引下均分到两极。这两套染色体的形态、数目完全_____。
末期	每条染色体逐渐变成细长而盘曲的_____。同时_____逐渐消失，出现新的_____和_____。在赤道板的位置形成_____，并逐渐扩展形成新的_____，产生两个相同的子细胞。

练习2．如图所示，一个细胞周期中各时期的先后顺序依次为_____。

① ② ③ ④ ⑤

练习3．在一个细胞周期中，最可能发生在同一时期的是（　　）

A．DNA复制和有关蛋白质合成

B．着丝粒分裂和着丝粒整齐排列

C．纺锤体的出现和细胞板的出现

D．染色体数目的加倍和染色体出现

任务四：建构植物细胞有丝分裂的模型，分析有丝分裂在保持细胞的遗传稳定性中的意义。（指向课时目标4）

【建构模型1】以小组为单位，用教师提供的材料建构植物细胞〔以4条（2对）染色体为例〕有丝分裂各时期染色体（质）行为的模型，然后分组展示、解释所建模型的含义。[材料：白板（代表植物细胞）、扭扭棒（代表染色质或染色体）、磁力贴（代表着丝粒）、棕色圆片（代表核仁）、作图用的水彩笔]。

【建构模型2】根据建构的上述模型，在下表填写各时期染色体、核DNA数目，并在下列坐标图中画出相应的数量变化曲线。

时期	染色体	染色单体	核DNA
亲代细胞			
间期			
前期			
中期			
后期			
末期			
子细胞			

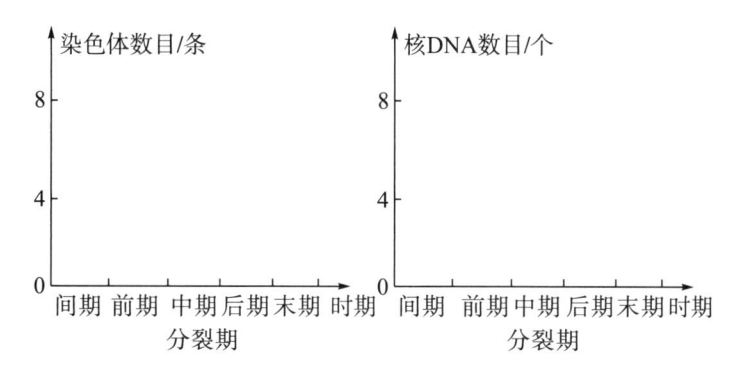

练习 4. 在细胞有丝分裂过程中，细胞核内以下各组之间的数量关系一定不相等的是（　　）

A. 染色体数目与着丝粒数目

B. 染色体数目与染色单体数目

C. 核 DNA 分子数目与染色单体数目

D. 染色体数目与核 DNA 数目

思考 4-1：上述有丝分裂中染色体数目、核 DNA 数目变化规律说明有丝分裂的意义是_____
_____。

学习评价

评价标准：

A⁺级——积极思考与讨论，实验操作规范、实验效果好，建构的有丝分裂的模型科学、合理，能正确回答上述问题。

A级——较积极地思考与讨论，实验操作有瑕疵，实验效果不够理想，但在教师引导下能制作正确的有丝分裂模型、回答以上问题。

B级——思考与讨论不积极，实验操作不正确、效果不佳，资料分析、判断存在一定困难，制作的有丝分裂模型有一定错误，不能回答较难的问题。

自我评价等级：（　　）　　教师评价：_____。

任务五：比较动、植物细胞有丝分裂过程的异同点。（指向课时目标 5）

活动 5. 观察动、植物物细胞有丝分裂永久装片或观看动、植物细胞增殖的动画，结合教材第 114 页图 6-3，填表比较动、植物细胞有丝分裂的异同：

比较项目	高等植物细胞	动物细胞
间期（有无中心粒复制）		
前期（纺锤体的来源）		
末期（细胞质的分裂方式）		
相同点		

练习5. 下图是某同学绘制的动物体细胞分裂模式图，其中错误的是（　　）

A　　B（星射线）　　C（细胞板）　　D（核膜　中心体）

学习评价

评价标准：

A⁺级——积极分析判断，能准确区分动、植物细胞有丝分裂过程的异同点，正确回答练习5。

A级——在教师引导下能区分动、植物细胞有丝分裂过程的异同点。

B级——不能正确区分动、植物细胞有丝分裂过程的异同点。

自我评价等级：（　　）　　教师评价：_____

课后检测

A组题（概念检测）

1. 下图表示细胞周期，下列有关叙述正确的是（　　）

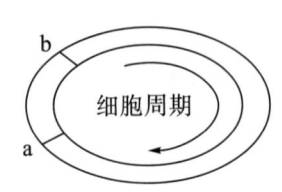

　　A. 按箭头所示方向由 a→a 或由 b→b 表示一个细胞周期

　　B. a→b 段表示分裂间期

　　C. 细胞中核 DNA 含量的加倍发生在 b→a 段

　　D. b→a 段表示分裂期

2. 下表为不同细胞的细胞周期持续时间（h），据此分析可得出的结论是（　　）

细胞	分裂间期	分裂期	细胞周期
十二指肠细胞	13.5	1.8	15.3
肿瘤细胞	18.0	0.5	18.5
成纤维细胞	19.3	0.7	20.0

　　A. 分裂期和细胞周期均最短的是肿瘤细胞

　　B. 分裂期占细胞周期比例最小的是十二指肠细胞

C. 不同种类细胞的细胞周期持续时间不同

D. 不同种类细胞的分裂都是同步进行的

3. 用光学显微镜的高倍镜观察植物细胞有丝分裂中期图像，清晰可见的细胞结构有（   ）

   A. 染色体、纺锤体、细胞壁

   B. 染色体、赤道板、细胞壁

   C. 纺锤体、核仁、细胞壁

   D. 纺锤体、细胞壁、核膜

4. 在一个细胞周期中，最可能发生在同一时期的是（   ）

   A. 着丝粒的分裂和细胞质的分裂　　B. 染色体数目加倍和染色单体形成

   C. 细胞板的出现和纺锤体的出现　　D. 染色体复制和DNA复制

5. 下列与细胞增殖有关的叙述，正确的是（   ）

   A. 从细胞繁殖的观点来看，细胞周期间期中最重要事件是DNA复制

   B. 着丝粒分裂和核仁重现通常发生于细胞周期中的同一时期

   C. 无丝分裂和有丝分裂的重要区别仅在于染色体有无变化

   D. 高等动物器官的大小主要决定于细胞体积大小而不是数量多少

6. 图甲、图乙分别是体细胞增殖过程中的一个细胞内核DNA含量和染色体数量变化曲线图，下列关于曲线分析正确的是（   ）

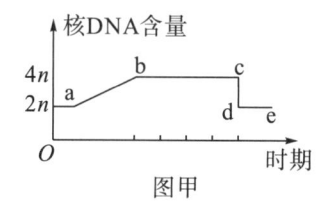

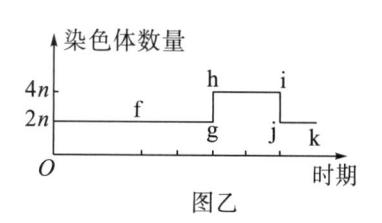

   A. ab段DNA含量上升的原因是染色体数目增加

   B. hi段细胞内染色体、染色单体、核DNA数量比为1∶0∶1

   C. cd段核DNA含量下降一半的原因是着丝粒分裂

   D. de段和fg段一条染色体含2个DNA分子

7. 如图甲表示某二倍体动物细胞有丝分裂图像，图乙、图丙、图丁分别是对该动物细胞有丝分裂不同时期染色体数、染色单体数和核DNA分子数的统计（图乙、图丙、图丁中的a、b、c表示的含义相同）。下列有关叙述正确的是（   ）

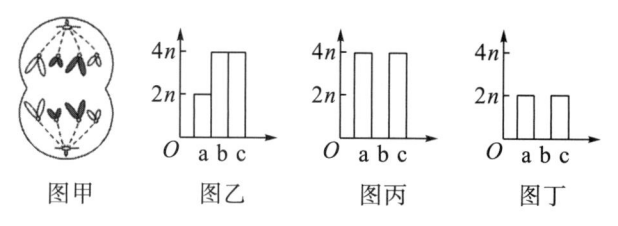

   A. 该动物的体细胞中都含有4条染色体

   B. 图乙中的a、b、c分别表示染色体、染色单体和核DNA

C. 图丁可以最恰当地表示图甲所示时期的染色体、核 DNA 和染色单体的关系

D. 图丁所示细胞正处于有丝分裂后期

8. 如图为有丝分裂过程模式图，下列相关叙述正确的是（   ）

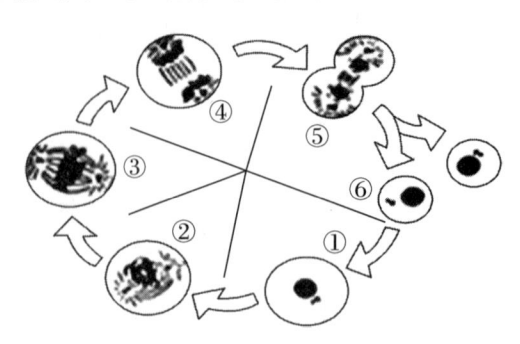

   A. 细胞②→细胞⑥经历了一个细胞周期
   B. 显微镜观察时视野中细胞③数量最多
   C. 细胞②染色体的形成有利于后续遗传物质的均分
   D. 细胞④→细胞⑤细胞染色体数加倍

9. 下列是细胞有丝分裂图，有关说法正确的是（   ）

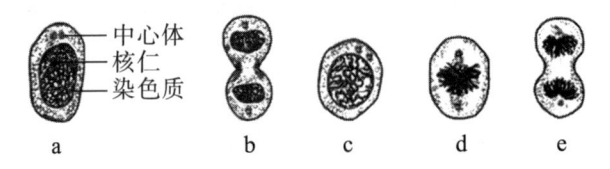

   A. b 图细胞出现环沟，并缢裂成两个子细胞。c 图细胞核中染色体数和 DNA 数相等
   B. 上述细胞在细胞周期中出现的顺序是 c→a→d→e→b
   C. e 图染色体数是 a 图中的两倍，从 c 到 d 细胞中核 DNA 含量没有变化
   D. d 图细胞为观察染色体形态的最佳时期，此时的赤道板清晰可见

10. 动物细胞有丝分裂区别于植物细胞有丝分裂的特点是（   ）

    A. 核膜、核仁消失
    B. 形成纺锤体
    C. 中心粒周围发出星射线
    D. 着丝点分裂，染色单体分开

11. 多种细胞器参与了细胞有丝分裂过程。下列关于细胞器作用的叙述，错误的是（   ）

    A. 分裂前的间期核糖体上合成了组成染色体的蛋白质
    B. 植物细胞分裂末期，内质网参与形成细胞壁
    C. 在间期，线粒体为蛋白质的合成和 DNA 的复制提供能量
    D. 动物细胞分裂前期，两组中心粒之间发出星射线形成纺锤体

12. 图甲为某高等植物细胞的细胞周期示意图，图乙为该植物细胞有丝分裂某时期的显微图像，图丙为细胞处于有丝分裂不同阶段的模式图。请据图回答问题。

图甲　　　　　图乙　　　　　　　图丙

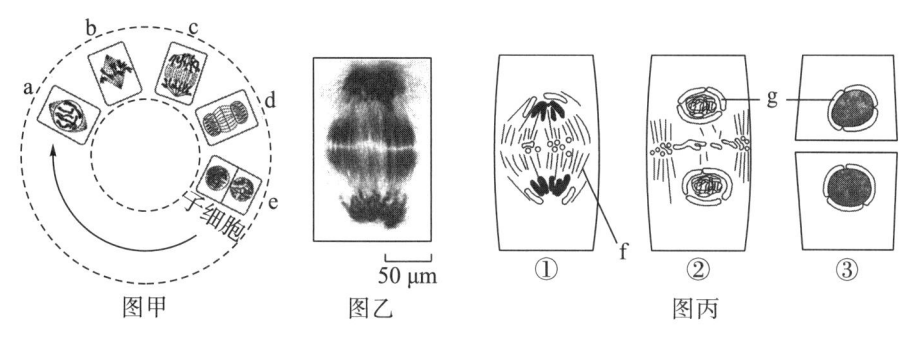

(1) 图甲中可表示一个完整细胞周期的是＿＿＿＿＿＿＿＿＿＿＿＿＿＿（用图中字母和箭头表示）。图甲中存在姐妹染色单体的时期有＿＿＿＿＿＿＿（用图中字母表示），发生＿＿＿＿＿＿＿＿＿＿＿＿后，姐妹染色单体分开。

(2) 与图乙的显微图像相对应的是图丙中的＿＿＿＿＿＿＿（填"①""②"或"③"），此时细胞内功能明显增强的细胞器是＿＿＿＿＿＿＿。

(3) 图丙中结构f的名称是＿＿＿＿＿＿＿＿＿＿，它形成于图甲中的＿＿＿＿＿＿＿（用图中字母表示）时期；结构g的名称是＿＿＿＿＿＿＿＿＿＿＿＿＿＿，它在分裂过程中会发生周期性解体和重建，解体于＿＿＿＿＿＿＿期。

B组题（应用检测）

13. 下列关于细胞周期的叙述，正确的是（　　）

    A. 所有细胞产生后立即进入下一个细胞周期

    B. 机体内所有的体细胞都处于细胞周期中

    C. 用药物抑制癌细胞DNA的复制，可以控制癌细胞增殖

    D. 细胞分裂期为细胞分裂间期提供物质基础

14. 科学家用^{32}P标记的磷酸盐浸泡蚕豆幼苗，追踪放射性的去向以研究蚕豆根尖细胞分裂情况，得到根尖细胞连续分裂的时间（单位：h）数据如图所示。下列叙述正确的是（　　）

    ```
    A   B        C    D              E    F
    ●───●────────●────●──────────────●────●
    0   2       17.3 19.3           34.6 36.6
    ```

    A. DE阶段发生遗传物质的平均分配

    B. BC阶段结束时DNA含量增加一倍

    C. CD阶段完成与DNA复制有关的蛋白质的合成

    D. 一个细胞周期（可表示为CD+DE）等于17.3 h

15. 如图表示蛙的红细胞无丝分裂过程，该过程与有丝分裂相比，下列叙述正确的是（　　）

121

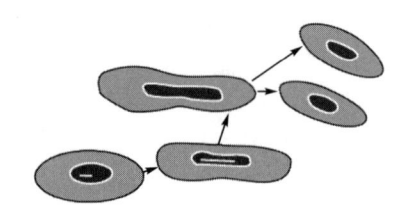

A. 没有DNA和染色体的复制
B. 分裂过程中没有出现纺锤体和染色体的变化
C. 分裂过程中细胞核缢裂成两个细胞核，因此子细胞中染色体减少一半
D. 真核生物的细胞分裂方式有无丝分裂和有丝分裂两种

16. 为了寻找更为理想的"观察植物细胞有丝分裂"的实验材料，并探究不同植物材料在一天中取材的最佳时间，科研人员进行了如下实验：

步骤1：剔除大蒜蒜瓣和红葱的老根，置于装有适量清水的烧杯中，在20℃~25℃下培养，每2 d更换一次清水。

步骤2：待大蒜和红葱的须根长出后，每24 h测量一次须根长度，记录并处理数据，结果如图1所示。

步骤3：若干天后，从8:00~16:00，每2 h取生长健壮的须根根尖制成临时装片。观察时随机选取30个视野，统计各视野中分裂期细胞数以及细胞总数，并计算细胞分裂指数（细胞分裂指数=分裂期细胞数/细胞总数），结果如图2所示。

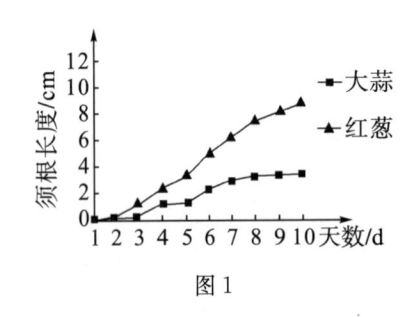

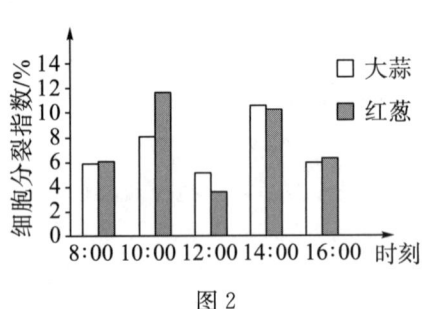

分析回答：

(1) 步骤3中，制作根尖临时装片的过程是取材→解离→_____。

(2) 植物细胞壁的胞间层由果胶组成，使相邻细胞粘连在一起。洋葱细胞的胞间层比大蒜、红葱厚，若以洋葱为材料进行本实验，解离的时间应比大蒜、红葱更_____，或适当提高解离液中盐酸的_____，否则解离不充分会使观察时出现_____现象。

(3) 本实验能否观察到某个正在分裂的细胞在一个细胞周期中的持续变化？为什么？

_____

(4) 根据图2的实验结果推测，用于观察有丝分裂最适宜的材料及最佳取材时间分别是_____。

分课时3 细胞的分化

一、课时目标

1. 通过比较同一生物体不同组织细胞的差异及其来源，阐明细胞分化的概念、原因及其在个体发育中的作用。
2. 通过分析植物组织培养、动物核移植等实例，说明细胞的全能性在无性繁殖中的应用。
3. 通过学习干细胞的特点和来源，关注干细胞在医学上的应用。

二、评价任务

1. 分析资料和表格，完成任务一中思考1-1~思考1-4、【建构概念】、练习1。（检测课时目标1）
2. 分析资料，完成任务二中讨论1~讨论3、练习2、练习3。（检测课时目标2）
3. 阅读、分析资料，完成任务三中思考3-1、讨论4。（检测课时目标3）

三、学习经历及学习评价

任务一：探究细胞分化及其原因和意义。（指向课时目标1）

活动1. 分析下列资料1，回答问题。

资料1：成年人全身细胞总数通常为28万亿~36万亿个，细胞种类有200多种，这么多种细胞均来自一个受精卵。而同一植物体的表皮细胞、叶肉细胞、筛管细胞，在形态、结构、功能上也各不相同，但它们都来自一群彼此相似的早期胚细胞。

思考1-1：比较同一个体的不同种类的细胞，它们的差异性表现在_____上，它们都来自_____。

【建构概念】在个体发育中，由一个或一种细胞增殖产生的后代，在_____、_____和_____上发生_____差异的过程，叫作细胞分化。

活动2. 分析下表中来自同一人体的三种细胞中基因种类、蛋白质种类的检测结果，回答下列思考题。

细胞	细胞总DNA			蛋白质		
	呼吸酶基因	β-珠蛋白基因	抗体基因	呼吸酶	β-珠蛋白	抗体
肌细胞	+	+	+	+	−	−
红细胞	+	+	+	+	+	−
浆细胞	+	+	+	+	−	+

思考1-2：上述实验结果说明同一人体不同种类的细胞中基因种类是否相同？蛋白质种类是否相同？推测同一人体不同种类的细胞中遗传物质相同的原因是什么？

思考1-3：结合表中结果和教材的相关内容，说明细胞分化的原因。

___

活动3. 分析下列资料2、资料3，回答问题。

资料2：胚胎学研究发现，人体在生长发育过程中，如果仅仅有细胞的增殖，而没有细胞的分化，就不可能形成具有特定形态、结构和功能的组织和器官，生物体不能正常发育。

资料3：哺乳动物成熟的红细胞，没有细胞核和众多的细胞器，但含有大量的血红蛋白，因而提高了其运输氧气的能力。肌肉细胞则含有大量线粒体，且细胞中有大量收缩蛋白，因此肌肉细胞有很强的收缩功能。

思考1-4：资料1、资料2说明细胞分化的意义是：(1) _____；(2) _____。

练习1. 下表为人体内三种不同细胞中基因存在及表达的情况，下列叙述错误的是（　　）

细胞种类	基因存在情况（√指存在）				基因表达情况（√指表达）			
	基因甲	基因乙	基因丙	基因丁	基因甲	基因乙	基因丙	基因丁
胰岛B细胞（合成胰岛素）	√	√	√	√	√			√
眼晶状体细胞（胚胎中）	√	√	√	√		√		√
神经细胞	√	√	√	√			√	√

A. 基因甲可能是控制胰岛素合成的基因
B. 基因丁可能是控制呼吸酶合成的基因
C. 三种细胞都有甲、乙、丙、丁四种基因的根本原因是人体细胞都来源于同一个受精卵
D. 三种细胞差异的根本原因是细胞中的遗传信息不同

任务二：建构细胞全能性的概念，认识细胞全能性的应用。（指向课时目标2）

活动4. 阅读课本第120页"思考·讨论"中的资料1、资料2，回答问题。

讨论1：从资料1中可以得出什么结论？

___

讨论2：如果将胡萝卜韧皮部细胞换成其他高度分化的植物细胞，在适宜条件下，这些细胞也能形成新的植株吗？为什么？细胞的这一特性叫作什么？

___

讨论3：将肠上皮细胞单独培养能获得新的个体吗？与资料1中的实验相比，你能从资料2中的实验得出什么结论？

___

练习2. 下列实例中能体现细胞全能性的是（　　）
①用悬浮液培养的胡萝卜单个细胞长成了可育的植株　②植物用种子进行繁殖　③用烟草幼茎的分生组织培养的单个细胞培育出了可育的完整植株
A. ①②　　　　　B. ①③　　　　　C. ②③　　　　　D. ①②③

练习3. 如图表示人体内细胞生命历程中的两个过程，下列有关叙述错误的是（　　）

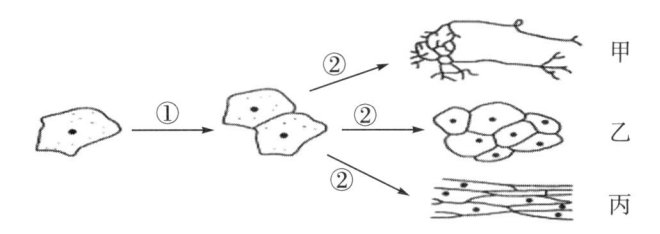

A. ①、②过程分别表示细胞分裂和细胞分化
B. 甲、乙、丙3种细胞的染色体数目相同
C. 甲、乙、丙3种细胞中遗传信息的表达情况不同
D. 经过①或②过程后，细胞的全能性丧失

任务三：认识人体干细胞，了解干细胞在临床上对疾病的治疗。（指向课时目标3）

活动5. 阅读教材第121页第3段、"与社会的联系"及资料4，回答问题。（指向课时目标3）

资料4：干细胞是一类具有自我复制和多向分化潜能的原始未分化细胞，存在于每个人的体内，包括全能干细胞、多能干细胞、造血干细胞、神经干细胞等类型。脐带血干细胞是临床上干细胞的来源之一，脐带血中含有大量的干细胞，包括造血干细胞和多种其他干细胞，用脐带血干细胞来拯救生命的历史已有30多年。干细胞从人体组织分离出来后，冻存于-196℃的深低温中，以便在临床需要时将其复苏后给病人回输，用于对组织器官损伤的修复。例如，利用造血干细胞移植来重建白血病患者受损的造血系统，对烧伤病人输入皮肤干细胞来修复皮肤。造血干细胞还可以通过人体捐献骨髓来获得。

干细胞的作用如下图：

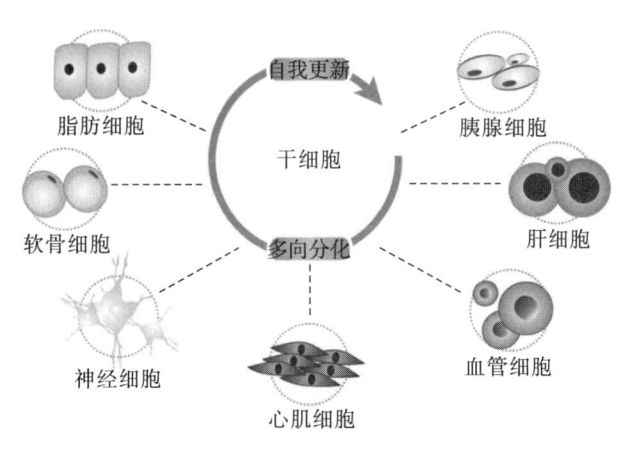

思考3-1：干细胞的特点是_____。临床上使用的干细胞的来源如_____。

讨论 4：说一说干细胞在医学上的应用。还可查阅资料，进一步了解干细胞的临床应用前景、人体骨髓捐献。

【小结与反思】列表比较有丝分裂与细胞分化：

	比较项目	有丝分裂	细胞分化
不同点	细胞数量	_____	_____
	产生的细胞与原细胞形态结构相比	_____	_____
	发生时间	_____	整个生命进程中
相同	遗传信息都_____。		
联系	有丝分裂是细胞分化的_____，二者共同完成多细胞生物体的生长发育。		

学习评价

评价标准：

　　A^+级——积极思考与讨论，实验操作规范、实验效果好，建构有丝分裂的模型科学、合理，能正确回答上述问题。

　　A级——较积极地思考与讨论，实验操作有瑕疵，实验效果不够理想，但在教师引导下能制作正确的有丝分裂模型、回答以上问题。

　　B级——思考与讨论不积极，实验操作不正确、效果不佳，资料分析、判断存在一定困难，制作的有丝分裂模型有一定错误，不能回答较难的问题。

　　自我评价等级：（　　）　　教师评价：_____。

课后检测

A组题（概念检测）

1. 构成人体的细胞，根据其形态结构和功能上的差异，可以分为 600 多种不同的类型，其原因是（　　）
   A. 细胞分裂的结果　　　　　　B. 细胞生长的结果
   C. 细胞分化的结果　　　　　　D. 细胞内遗传物质不同

2. 同一生物体内，不同组织中的细胞在形态上存在一定的差异，下列关于这些细胞的叙述错误的是（　　）
   A. 通常情况下，这些不同形态的细胞中的核遗传物质是相同的
   B. 遗传信息的表达情况不同导致了细胞形态的不同
   C. 每种细胞具有的特定形态与其执行特定功能相适应
   D. 不同细胞间形态的差异是在细胞分裂完成时产生的

3. 下列关于细胞全能性的叙述，错误的是（　　）

A. 人体的任何一个细胞都具有全能性
B. 蜥蜴受攻击断尾后重新长出尾部，体现了细胞的全能性
C. 小鼠骨髓造血干细胞形成各种血细胞，体现了细胞的全能性
D. 利用离体的植物组织、细胞培育花卉，所依据的原理是细胞具有全能性

4. "细胞核重编程"是指将人类成熟的体细胞重新诱导回干细胞状态，它们就有再分化形成多种类型细胞的可能，可应用于临床医学。下列有关叙述错误的是（　　）

A. 人类成熟的体细胞能重新诱导回干细胞状态体现了细胞的全能性
B. 细胞核重编程和干细胞再分化均与细胞内基因的选择性表达相关
C. 干细胞是一类具有分裂和分化能力的细胞
D. 一般来说，人体内分化了的细胞将一直保持分化后的状态，直到死亡

B组题（应用检测）

5. 如表为环腺苷酸（cAMP）和环鸟苷酸（cGMP）的浓度（M_1、M_2、M_3、M_4表示浓度，且$M_1<M_2<M_3<M_4$）对细胞分化的影响情况（"＋"表示促进分化，"－"表示抑制分化）。下列叙述正确的是（　　）

浓度	M_1	M_2	M_3	M_4
cAMP	－	＋	＋＋	＋＋＋
cGMP	＋＋	＋	－	－－

A. cAMP浓度增高时，则促进细胞分裂
B. cAMP和cGMP的浓度对细胞分化具有调控作用
C. cGMP浓度增高时，则促进细胞分化
D. cAMP和cGMP对细胞分裂没有影响

6. 下图为某哺乳动物红细胞的形成过程示意图，请回答：

造血干细胞 → 早幼红细胞 → 中幼红细胞（开始合成血红蛋白）→ 晚幼红细胞 →脱核→ 网织红细胞 →丧失细胞器→ 成熟红细胞

(1) 由造血干细胞形成系列幼红细胞的过程称为_____，这是细胞内_____的结果。通常情况下，某个体所有造血干细胞的遗传信息完全相同，原因是_____。

(2) 血红蛋白的合成场所为_____，图中能合成血红蛋白的细胞有中幼红细胞、_____。

(3) 研究发现，某毒素只能与染色质结合，导致染色质中的DNA不能复制，在该毒素作用下，造血干细胞内的分裂过程受阻，从而使造血干细胞停留在细胞周期中_____。

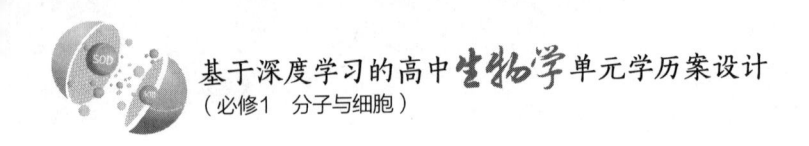

分课时 4 细胞的衰老和死亡

一、课时目标

1. 通过分析实例和相关资料，阐述细胞衰老的特征和原因。
2. 通过分析细胞死亡的多种实例，阐明细胞凋亡和细胞坏死的区别。
3. 探讨细胞衰老和死亡与人体健康的关系，关心老年人的健康、关爱老年人。

二、评价任务

1. 阅读、分析资料，完成任务一中思考 1-1、练习 1、练习 2。（检测课时目标 1）
2. 阅读、分析图解，完成任务二中思考 2-1～思考 2-3、练习 3。（检测课时目标 2）
3. 分析资料，完成任务一中思考 1-2～思考 1-5。（检测课时目标 3）

三、学习经历及学习评价

任务一：探究细胞衰老的特征和原因。（指向课时目标 1 和课时目标 3）

活动 1. 阅读教材第 123 页"图 6-8 细胞衰老特征示意图"，回答问题。

思考 1-1：与年轻人相比，老年人满头白发的原因：_____，满脸皱纹，皮肤干燥的原因：_____，脸上老年斑增多的原因：_____，饮食量减少，吸收能力减弱的原因：_____；行动迟缓、无力的原因：_____。

思考 1-2：采用不完全归纳法说明细胞衰老与个体衰老的关系：_____。

活动 2. 分析资料 1、资料 2，完成其后的思考题、练习。

资料 1：异常活泼的带电分子或基团称为自由基，自由基学说是一种解释细胞衰老原因的假说，其主要内容如图所示。

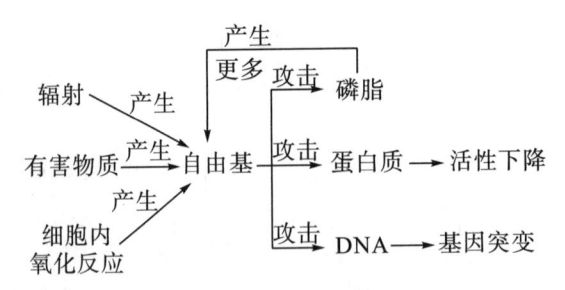

思考 1-3：根据自由基学说，说一说延缓细胞衰老的措施？

资料 2：端粒酶是细胞中负责端粒的延长的一种酶，可将端粒 DNA 加至真核细胞染色体末端，把 DNA 复制损失的端粒填补起来，使细胞分裂的次数增加。可见，端粒酶在正常人体组织中的活性被抑制，可保持细胞中基因组完整、细胞继续增殖。但是，端粒酶在肿瘤细胞中被重新激活，从而参与癌细胞的恶性增殖。

思考 1-4：目前市场上有比较多的保健品称其能激活端粒酶，延长端粒，延缓细胞衰老。请结合资料 2 评价这些保健品的作用是否可靠？

思考 1-5：结合现实生活，谈谈能延缓衰老的健康生活方式有哪些？

练习 1. 下列关于细胞衰老的说法，正确的是（　　）
A. 衰老的细胞中黑色素含量增加，妨碍细胞内物质的交流和传递
B. 衰老细胞内的酶活性均下降
C. 衰老细胞体积变大，细胞核体积变小，物质运输效率低，代谢慢
D. 自由基学说认为，辐射会刺激细胞产生自由基攻击蛋白质和磷脂，使细胞衰老

练习 2. 下列说法错误的是（　　）
A. 对于单细胞生物来说，细胞的衰老或死亡就是个体的衰老或死亡
B. 对于多细胞生物来说，细胞衰老必然导致生物个体衰老
C. 对于多细胞生物来说，细胞会随着分裂次数的增多而衰老
D. 对于多细胞生物来说，体内总有一部分细胞处于衰老或走向死亡的状态

任务二：比较细胞凋亡和细胞坏死。（指向课时目标 2）

活动 3. 阅读教材第 125～126 页"细胞的死亡"及下列图解，回答问题。

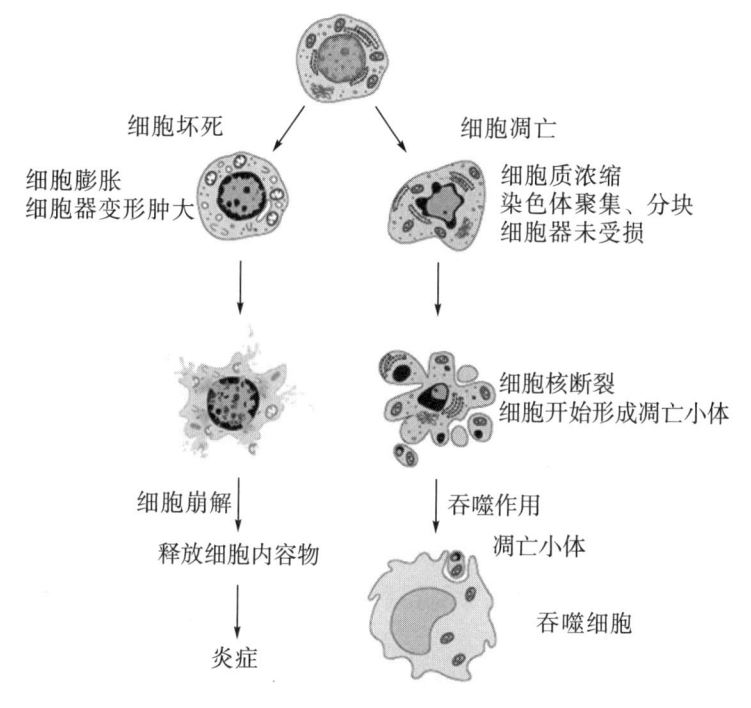

思考 2-1：举出人体内细胞正常死亡的实例，如_____；人体细胞意外死亡的实例，如_____。

思考2-2：根据上图分析，由基因决定的细胞自动结束生命、主动死亡，叫作_____，该种细胞死亡_____（填"会"或"不会"）引起人体炎症。由于极端物化因素、病理刺激等引起的细胞被动死亡，叫作_____，该种细胞死亡可能_____（填"会"或"不会"）引起人体炎症。

思考2-3：填表比较细胞凋亡和细胞坏死。

项目	细胞凋亡	细胞坏死
与基因的关系		
死亡原因		
死亡过程		
对机体的影响		

练习3. 下列有关细胞死亡的叙述正确的是（　　）

A. 细胞凋亡是正常生理性变化，细胞坏死是病理性变化或剧烈损伤引起的

B. 细胞凋亡是受基因调控的，是一种被动死亡

C. 细胞坏死对于多细胞生物完成正常的生长发育起着重要作用

D. 清除被病原体感染的细胞的过程中不存在细胞凋亡现象

【第三主题单元总结与反思】

1. 细胞的生命历程如何影响人体的生老病死？
_____

2. 通过对细胞的生命历程的学习，是否有助于你科学看待生与死？这帮助你建立了怎样的生命价值观？
_____

学习评价

评价标准：

A⁺级——积极阅读和分析资料，能正确回答出细胞衰老的原因、细胞凋亡和细胞坏死的区别，认同延缓衰老的健康生活方式，能回答单元问题。

A级——较积极地阅读和分析资料，能在教师引导下回答细胞衰老的原因、细胞凋亡和细胞坏死的区别，认同延缓衰老的健康生活方式，并回答单元问题。

B级——阅读和分析资料不够积极，回答细胞衰老的原因、细胞凋亡和细胞坏死的区别存在一定困难，认为某些不良生活习惯无关大碍。回答单元问题存在困难。

自我评价等级：（　　）　　教师评价：_____。

(第三主题单元)【单元问题解决】

1. 移植到白血病人体内的骨髓,是如何治愈白血病的?

2. 如果缺乏骨髓移植的条件,采用输入健康血液的方法能否根治白血病?为什么?

课后检测

A组题（概念检测）

1. "尘满面,鬓如霜。"从细胞学的角度分析,这个过程中不会出现的变化是（　　）
   A. 细胞核体积缩小　　　　　　B. 细胞内水分减少
   C. 某些酶的活性降低　　　　　D. 细胞呼吸速率减慢

2. 以下关于细胞衰老和个体衰老的说法,错误的是（　　）
   A. 细胞衰老会使细胞出现形态、结构和功能的改变
   B. 对具有细胞结构的生物来说,细胞衰老与个体衰老都是不同步的
   C. 关于细胞衰老的端粒学说认为,端粒DNA序列在每次细胞分裂后会缩短一截
   D. 衰老细胞的细胞体积变小,细胞核体积变大,多种酶活性降低

3. 每条染色体的两端都有一段特殊序列的DNA-蛋白质复合体,称为端粒。随着分裂次数的增加,端粒DNA序列在每次细胞分裂后会缩短一截。在端粒DNA序列被"截"短后,端粒内侧正常基因的DNA序列就会受到损伤,结果使细胞活动渐趋异常。以上信息中不能得出的结论是（　　）
   A. 每条染色体含有2个或4个端粒
   B. 端粒中含有与细胞衰老有关的基因
   C. 能无限增殖的细胞在细胞分裂时端粒可能不会缩短
   D. 端粒对染色体中基因起着保护作用

4. 细胞自噬是指生物膜包裹部分细胞质和细胞内需要降解的细胞器、蛋白质等形成自噬体,最后与溶酶体融合降解所包裹的内容物,以实现细胞内部环境的稳定和细胞器的更新。下列关于细胞自噬的理解,错误的是（　　）
   A. 溶酶体参与了细胞自噬的过程
   B. 细胞自噬是生物个体发育过程中的一种不正常现象
   C. 有些细胞自噬可能诱导细胞凋亡
   D. 细胞自噬与膜的流动性有关

5. 下列关于细胞凋亡和细胞坏死的叙述中,错误的一项是（　　）
   A. 细胞凋亡是主动的,细胞坏死是被动的
   B. 细胞凋亡有利于生物生存,细胞坏死不利于生物生存
   C. 细胞凋亡是基因调控的,细胞坏死是外界因素引起的
   D. 细胞凋亡是急性的,细胞坏死是慢性的

131

6. 细胞凋亡是由基因决定的细胞自动结束生命的过程。下列关于细胞凋亡的叙述，错误的是（   ）

   A. 蝌蚪在变态期，尾部细胞将发生凋亡，从而使其能转变成正常的成体蛙
   B. 细胞凋亡有助于清除体内衰老的细胞
   C. 细胞凋亡是由致病因子引发的急性损伤，会引起细胞破裂，导致炎症反应
   D. 细胞凋亡是由遗传物质控制的细胞正常死亡，机体无炎症反应

B 组题（应用检测）

7. 有研究表明，细胞凋亡以"触发波"的形式发生，首先半胱氨酸蛋白酶被激活，然后由它们去激活其他蛋白酶，使其开始裂解细胞，直到整个细胞被摧毁。下列叙述正确的是（   ）

   A. 年幼的生物个体中不存在细胞凋亡
   B. 被病毒感染的细胞的清除不属于细胞凋亡
   C. 细胞凋亡启动后不再有蛋白质的合成
   D. 若"触发波"的传播受到了阻滞，细胞可能会出现凋亡障碍

8. 科学家为了探究影响细胞衰老的因素，进行了如下实验。

   实验Ⅰ：在相同的条件下，分别单独培养胎儿、中年人和老年人的肺成纤维细胞，结果如表所示。

细胞来源	胎儿	中年人	老年人
增殖代数	50	20	2～4

   实验Ⅱ：分别将鼠、鸡、人和龟的体细胞进行体外培养，结果如图所示。

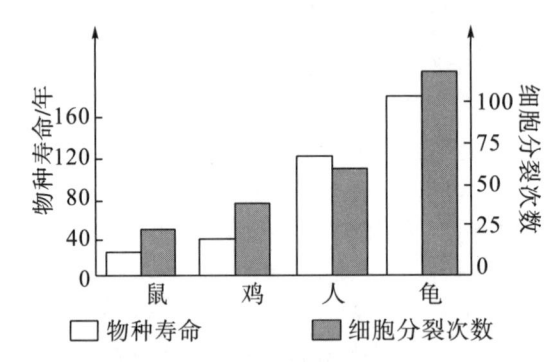

   实验Ⅲ：将年轻细胞的细胞核移植到去核的年老细胞中，在体外培养重组细胞，结果重组细胞分裂旺盛；将年老细胞的细胞核移植到去核的年轻细胞中，在相同条件下培养重组细胞，结果重组细胞不分裂。

   (1) 实验Ⅰ说明随着生物体年龄的增长，细胞分裂能力_____。
   (2) 实验Ⅱ说明_____。
   (3) 实验Ⅲ说明_____。
   (4) 根据上述实验可知，影响细胞衰老的因素有_____。

参考文献

[1] 中华人民共和国教育部. 普通高中生物学课程标准（2017年版2020年修订）[M]. 北京：人民教育出版社，2020.

[2] 赵占良. 普通高中教科书教师教学用书 生物学 必修1 分子与细胞[M]. 北京：人民教育出版社，2019.

[3] 李怀源. 单元整体教学的概念、特征及实施策略[J]. 湖北教育·教育教学，2021（8）：5-7.

[4] 曾静敏. 基于"大概念"教学视角的高中生物单元教学策略[J]. 教学管理与教育研究，2022（4）：94-96.

[5] 王雅婷. 基于单元教学理念的微课程设计——以"细胞的物质输入和输出"为例[J]. 中学生物学，2019，35（10）：9-12.

[6] 崔允漷. 学历案：学生立场的教案变革[J]. 中国教育报，2016-06-09（6）.

[7] 卢明. 学历案的教学范式：创造有意义的学习经历[J]. 教育视界，2016（11）：37-40.

[8] 尤小平. 学历案与深度学习[M]. 上海：华东师范大学出版社，2017.

[9] 张治. 新教学设计 高中生物学 必修 第一册[M]. 北京：北京师范大学出版社，2020.

[10] 金锦双. 基于"大概念"理念的高中生物教学实践探究[J]. 考试周刊，2018：156.

[11] 杨凯. 基于大概念的高中生物整体教学：何谓、为何与何为[J]. 高考，2022（8）：81-83.

[12] 张玲玲，陈佳敏. 聚焦生物学重要概念的单元整体教学设计实践研究[J]. 高考，2020（16）：173.

参考答案

第一主题单元学历案

小单元1：从细胞的视角看生命世界（分课时1~3）

分课时1 细胞是生命活动的基本单位

任务一

讨论：

1. 统一性，因为它揭示了动物和植物的统一性而阐明了生物界的统一性。

2. 通过对动、植物体的解剖和显微观察获得证据，再归纳概括出结论。

3. 可信。因为科学家不仅运用了不完全归纳法，还揭示了动、植物的个体与细胞的内在规律性联系，这样的科学归纳比一般的不完全归纳法更具可信度。

4. 科学发现的基本特点：有浓厚兴趣，创新精神和技术支持，通过科学方法和科学实验获得证据，继承和发展。例如：门捷列夫发现化学元素周期律，达尔文提出以自然选择为基础的进化论学说，遗传规律的发现等都运用了归纳法。

练习1：A

任务二

思考2-1：植物：细胞、组织、器官、个体。动物：细胞、组织、器官、系统、个体。与动物生命系统的结构层次相比，植物没有系统这一层次。

思考2-2：个体、种群、群落、生态系统、生物圈。

思考2-3：单细胞生物的细胞就是个体，且缺少组织、器官、系统层次。

思考2-4：植物的绿色细胞（细胞）经光合作用吸收温室气体——CO_2；植物有发达的栅栏组织和海绵组织（组织）、叶片（器官），栽种各种绿色植物（个体、种群）、保护森林（群落、生态系统）均可提高光合作用速率，减少大气中CO_2的含量，缓解全球气候变暖。（可建构图解来说明）

练习2：B

课后检测

A组题（课后检测）：

1. D　2. D

3.（1）细胞　组织　系统　种群　群落　生物圈　（2）细胞　种群　个体　系统

B组题（应用检测）：

4.（1）细胞　豹的神经细胞（植物的叶肉细胞等）　（2）绵山上所有植物、动物、细菌和真菌等共同构成的生命群体　（3）系统　（4）细胞　细胞　（5）②　病

毒是胞内寄生，须依靠活细胞才能增殖　（6）不能

分课时2　细胞的多样性和统一性（一）

任务一

思考1-1：

名称	形态特征	细胞壁	细胞膜	细胞质	细胞核
红细胞	圆饼状	无	有	有	没有
精子	有尾巴	无	有	有	有
分生区细胞	正方形	有	有	有	有
保卫细胞	蚕豆形	有	有	有	有

思考1-2：形态和结构。都有细胞膜、细胞质，除了红细胞，其他细胞都有细胞核。

思考1-3：精子有尾巴便于运动，便于与卵细胞结合。各种细胞的形态结构都与其功能相适应。

任务二

思考2-1：暗。数量变少体积变大。

思考2-2：将装片向右上方移动。

思考2-3：调节细准焦螺旋，至图像清晰。

活动3：绘制的参考图示。

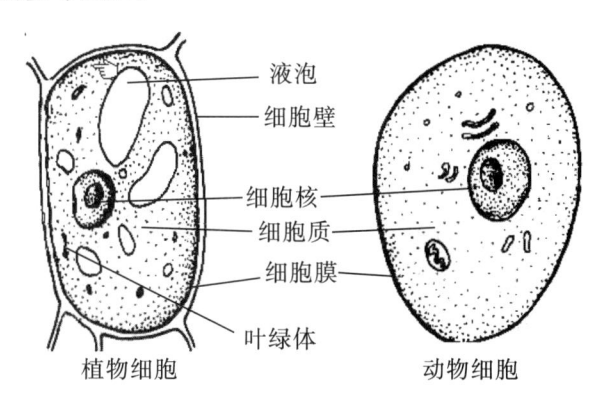

思考2-4：细胞膜、细胞质、细胞核。

课后检测

A组题（概念检测）：

1．A　2．C　3．B　4．B

B组题（应用检测）：

5．（1）⑤⑥　⑥　③④　（2）不能，因为高倍镜视野范围小，如果不移到中央，在高倍镜下就找不到物像　（3）换用大光圈和凹面镜

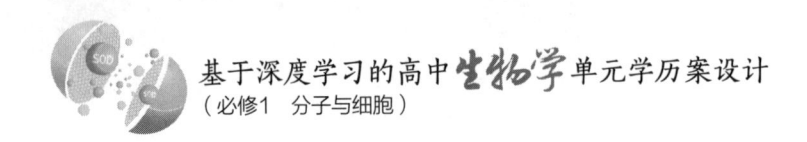

分课时3　细胞的多样性和统一性（二）

任务一

思考1-1：

原核生物	形态	鞭毛	细胞壁	营养方式	共同结构
大肠杆菌	杆状	有	有	异养型	细胞膜、细胞质、核糖体、拟核
蓝细菌	常为椭球形	无	有	自养型	
支原体	常为球形	无	无	异养型	

思考1-2：

差异分析	比较内容	原核细胞	真核细胞
	细胞核	无成形的细胞核	成形的细胞核
	细胞器	只有核糖体	有多种结构复杂的细胞器
	遗传物质存在方式	DNA独立存在，形成环状	DNA与蛋白质结合构成染色体
共同结构		都有细胞膜、细胞质、核糖体和遗传物质DNA	

思辨：（1）不是，如哺乳动物成熟的红细胞、植物的导管细胞都没有细胞核 （2）"原"字指"原始"，意味着进化地位低，结构简单，没有真正的细胞核，反映了它们在进化上的早期阶段。"真"字指"真正"，意味着其具有真正的细胞核，核膜将遗传物质与细胞质分隔开，形成了复杂的内部结构，反映了它们的进化地位较高级，具有更复杂的生命活动。

任务二

活动2：真菌　动物　有无以核膜为界限的细胞核　细菌　细胞质　DNA作为遗传物质　细胞统一性　细胞多样性

（小单元1）【小单元问题解决】细胞。人体细胞有真正的细胞核，核膜将遗传物质与细胞质分隔开，形成了复杂的内部结构；而细菌细胞没有真正的细胞核，结构简单。

课后检测

A组题（概念检测）：

1. B　2. C　3. C　4. D

B组题（应用检测）：

5.（1）BCD　（2）A　B　D　（3）有无核膜包被的细胞核　差异性

6.（1）群落　个体　（2）大肠杆菌　拟核　（3）细胞膜、细胞质和细胞核　统一性　（4）衣藻　没有细胞结构

小单元 2：细胞由多种生命物质组成（分课时 4~9）

分课时 4　细胞中的元素和化合物

任务一

思考 1-1：否。不同。说明生物界和非生物界存在统一性和差异性。

思考 1-2：C、H、O、N。不是，微量元素虽然含量很少，但是在生物体的生命活动中有重要作用，不可或缺。

练习 1：B

任务二

思考 2-1：水，蛋白质。

思考 2-2：与梨的叶片相比，梨的果实细胞中所含的糖类和水等物质多，且不含叶绿素。

练习 2：C

任务三

思考 3-1：斐林试剂需要先将甲液和乙液等量混合均匀后，再注入反应液中。双缩脲试剂则先往组织样液中加入 A 液 1 mL，摇匀，再注入 B 液 4 滴。作用是洗去浮色。

思考 3-2：不能。西瓜汁呈红色，会掩盖实验产生的砖红色沉淀现象，导致实验结果不易观察。

思考 3-3：能。因为可用蒸馏水将斐林试剂的乙液稀释成 0.01 g/mL 的 $CuSO_4$ 即双缩脲试剂的 B 液。

练习 3：D

课后检测

A 组题（概念检测）：

1．D　2．D　3．D　4．D　5．C

B 组题（应用检测）：

6．A　7．D

分课时 5　细胞中的无机物

任务一

思考 1-1：不同生物含水量不同，同一生物不同组织、器官含水量不同，同一生物不同年龄阶段含水量不同。

思考 1-2：血液中的水主要以自由水的形式存在，而心肌细胞中的水主要以结合水的形式存在。

思考 1-3：①——⑨　②——⑩　③——⑥　④——⑦　⑤——⑧

拓展思考 1：水是极性分子，能溶解多种物质。水分子中的氢键容易断裂和形成，

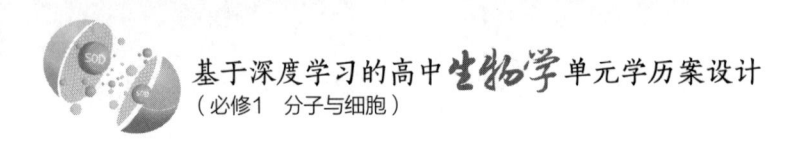

使水在常温下呈液态。水具有较高的比热容。

拓展思考2：

(1) 自由水；有活性；结合水；无活性；结合水可转化为自由水。

(2) 自由水转化为结合水；自由水/结合水比值越大，代谢越旺盛。

(3) 结合水所占的比例越高，抗逆性越强。

练习1：A

任务二

材料1：参与构成细胞中的重要化合物。

材料2：维持细胞和生物体生命活动的正常进行。

材料3：维持酸碱平衡。

材料4：维持细胞正常形态。

练习2：B

课后检测

A组题（概念检测）：

1．B 2．D 3．B 4．D

B组题（应用检测）：

5．B 6．B

分课时6 细胞中的糖类和脂质

任务一

思考1-1：静脉注射葡萄糖能为人体补充血糖，使血糖回复正常。葡萄糖是细胞生命活动的主要能源物质，能为人体提供能量。

思考1-2：

糖类	种类	分子式	概念	分布范围	主要功能
单糖	核糖（5C）	$C_5H_{10}O_5$	不能水解的糖	动、植物细胞	组成核酸的物质
	脱氧核糖（5C）	$C_5H_{10}O_4$			
	葡萄糖（6C）	$C_6H_{12}O_6$			主要能源物质
双糖	蔗糖	$C_{12}H_{22}O_{11}$	水解后能够生成两分子单糖的糖	植物细胞	能水解成单糖
	麦芽糖				
	乳糖			动物细胞	
多糖	淀粉	$(C_6H_{10}O_5)_n$	水解后能够生成多分子单糖的糖	植物细胞	植物细胞中的储能物质
	纤维素				植物细胞壁的组成成分
	糖原			动物细胞	动物细胞中的储能物质

思考1-3：米饭和馒头的主要成分是淀粉，经水解后分解为葡萄糖，会使糖尿病患者血糖继续升高，加重病情。

练习1：A

任务二

填表：储能物质　绝热体　缓冲　减压　细胞膜　细胞膜　脂质　生殖细胞　钙和磷

思考 2－1：相同质量的糖类和脂肪氧化分解，脂肪产生的能量更多。与糖类不同的是，脂肪分子中氧的含量远远低于糖类，而氢的含量更高。

思考 2－2：体现了脂肪的缓冲和减压、保温作用。是良好的储能物质。

思辨 1：是的，因为磷脂参与构成细胞膜。

练习 2：B

任务三

思考 3－1：玉米、谷物中富含淀粉，被分解成为葡萄糖后，可转化为脂肪。

思考 3－2：糖类可以大量转化为脂肪，脂肪不能大量转化为糖类。

思辨 2：正常人也需要控制糖类和脂肪的摄入量，因为过度摄入糖类和脂肪会导致肥胖或其他病症。

练习 3：D

课后检测

A 组题（概念检测）：

1．B　2．B　3．D　4．D　5．D

B 组题（应用检测）：

6．C　7．C　8．A

分课时 7、8　蛋白质是生命活动的主要承担者

任务一

填表：结构蛋白　胰岛素　催化　运输　抗体

思考 1－1：①——⑨　②——⑦　③——⑧　④——⑩　⑤——⑥

思考 1－2：因为蛋白质的功能是多种多样的。

思考 1－3：胶原蛋白是人体内普遍存在的一种蛋白质，在人体内分解成氨基酸后可被细胞吸收。要分解为小分子物质（氨基酸），才能被吸收。

练习 1：B

任务二

思考 2－1：21　必需氨基酸　非必需氨基酸

思考 2－2：C、H、O、N；可能含有 S 等。

思考 2－3：
$$H_2N-\underset{R}{\overset{H}{C}}-\overset{O}{\overset{\|}{C}}-OH$$

思考 2－4：氨基　羧基　氨基　羧基　氢原子　R　R 基

练习 2：①②③不是氨基酸，④⑤是氨基酸　圈图如下：

④ HOOC—CH(NH₂)—HOOC—CH—NH₂   ⑤ HOOC—CH(NH₂)—(CH₂—NH₂)

练习3：C

任务三

活动3：相邻氨基酸之间通过脱水缩合形成肽键而连接成多肽链。

思考3－1：①—H　—OH　②氨基　羧基　羧基　③R基

思考3－2：①

氨基酸个数	形成肽链数	形成肽键数	脱去水分子数	至少含有氨基（或羧基）数
3	1	2	2	1
4	1	3	3	1
n	1	n－1	n－1	1
4	2	2	2	2
5	2	3	3	2
n	2	n－2	n－2	2
…	…	…	…	…
n	m	n－m	n－m	m

脱水数＝肽键数＝氨基酸数－肽链数。② $na－18(n－1)$；$na－18(n－m)$。

拓展思考：减少了2。

练习4：D

任务四

思考4－1：氨基酸，肽链，1至多条肽链盘曲、折叠成具有一定空间结构的蛋白质。

思考4－2：氨基酸的种类、数目、排列顺序多种多样，肽链盘曲、折叠方式千变万化。蛋白质结构多样性决定了功能多样性。

拓展思考：A

练习5：胰岛素的成分是蛋白质，高温会使其变性而失去活性。

课后检测

A组题（概念检测）：

1. C　2. D　3. B　4. B　5. A　6. D　7. B　8. C　9. D　10. C

B组题（应用检测）：

11. D　12. B

13. （1）氨基　羧基　肽键　（2）4　脱水缩合　3　2　2　3　（3）四肽

分课时 9　核酸是遗传信息的携带者

任务一

思考 1-1：脱氧核糖核酸　核糖核酸　细胞核　线粒体　叶绿体　细胞质

思考 1-2：原核生物的 DNA 主要分布在拟核。

思考 1-3：细胞生物同时含 DNA 和 RNA，病毒只含 DNA 或 RNA 中的一种。

思考 1-4：C、H、O、N、P

练习 1：B

思考 1-5：①五碳糖不同，DNA 的核苷酸含脱氧核糖，叫脱氧核苷酸，而 RNA 的核苷酸含核糖，叫核糖核苷酸；②含氮碱基不同，DNA 特有 T，RNA 特有 U。

练习 2：B

任务二

思考 2-1：甲为 DNA，乙为 RNA。因为甲含有 T，而乙含有 U。

思考 2-2：脱氧核苷酸之间通过形成磷酸二酯键彼此相连。一样。核酸是由核苷酸连接而成的长链。

思考 2-3：DNA 或 RNA 中的核苷酸序列　DNA　RNA

思考 2-4：特异性　多样性　特异性　多样性

练习 3：RNA 一般为单链，不稳定，容易发生变异。

任务三

思考 3-1：多糖、蛋白质和核酸。

思考 3-2：均由多个单体聚合而成，相对分子质量很大。其单体通过脱水缩合构成多聚体。

练习 4：D

（小单元 2）【小单元问题解决】胰岛 B 细胞主要由水、蛋白质、糖类、脂质、核酸、无机盐等生命物质组成。

课后检测

A 组题（概念检测）：

1. B　2. C　3. D　4. B　5. C　6. D　7. C

B 组题（应用检测）：

8. （1）蛋白质摄入量不足，会影响抗体的合成　（2）滴加碘液，观察其是否变蓝；若变蓝，则说明其含有淀粉。　（3）A　（4）K、Ca、P、Mg

9. 糖尿病人应控制一天摄入的总热量，三餐规律或少量多餐，定时定量。选择低糖、低脂、低盐、低热量的食物，且蛋白质、脂肪和碳水化合物的供能比例约为 1∶0.7∶5，这样既能保证血糖稳定，又能保证营养均衡。

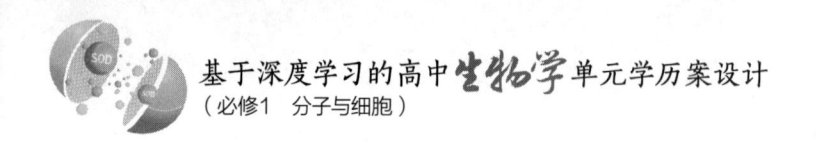

小单元3：细胞是生物体结构功能的基本单位（分课时10～14）

分课时10、11　细胞膜的结构和功能

任务一

1. 将细胞与外界环境分隔开
2. 控制物质进出细胞
3. （1）信息分子随血液传给靶细胞　两个细胞的细胞膜接触　相邻两个细胞之间形成通道（如胞间连丝）　（2）进行细胞间的信息交流

拓展思考：不是。因为细胞壁是全透性的。细胞壁主要起保护和支持的作用。

任务二

思考2-1：脂质　磷脂和胆固醇　磷脂

思考2-2：2　蛋白质

小结：脂质和蛋白质

任务三

【建构模型1】如下图

细胞外

细胞内

思考3-1：流动　侧　具有一定的流动性

总结：磷脂双分子层　镶在磷脂双分子表面　部分或全部嵌入磷脂双分子层中　贯穿于整个磷脂双分子层　糖被　细胞表面的识别、细胞间的信息传递

【建构模型2】评价标准见学习活动3中评价框。

课后检测

A组题（概念检测）：

1. B　2. C　3. A　4. B　5. C　6. C　7. B

B组题（应用检测）：

8. （1）蛋白质和脂质（磷脂）　（2）蛋白质　越多　（3）大肠杆菌是单细胞生物不需要与其他细胞进行信息交流，而神经细胞的功能是接受刺激和传递信息

9. 提示：设计思路——该材料需要模拟细胞膜的流动性，材料表面还要有识别胰岛B细胞的物质。当药物到达胰岛B细胞被胰岛B细胞表面糖蛋白识别后，包裹材料能与胰岛B细胞的细胞膜相融合，使药物进入胰岛B细胞，从而唤醒胰岛B细胞。

分课时 12、13　细胞器之间的分工合作

任务一

思考 1-1：细胞质基质　细胞器　细胞质基质　差速离心法

思考 1-2：

细胞器	分布的细胞类型	双层膜/单层膜/无膜	具有的功能	与其功能相适应的特点
线粒体	真核细胞	双层膜	有氧呼吸的主要场所	含有有氧呼吸酶
叶绿体	植物细胞	双层膜	光合作用的场所	含有光合作用的酶
内质网	真核细胞	单层膜	蛋白质加工、运输	由膜围成管道系统
高尔基体	真核细胞	单层膜	动物细胞中：蛋白质加工、分类、包装；植物细胞中：形成细胞壁	由单层膜围成的扁平囊、囊泡堆叠而成
液泡	主要分布在植物细胞中	单层膜	调节细胞内的环境，使植物细胞坚挺	内含细胞液，含糖类、无机盐色素等
溶酶体	主要分布在动物细胞中	单层膜	分解衰老、损伤的细胞器，吞噬病菌	内部含有多种水解酶
核糖体	各种细胞	无膜	合成蛋白质的场所	由蛋白质和RNA组成
中心体	动物细胞、低等植物细胞	无膜	与细胞有丝分裂有关	蛋白质组成，可形成纺锤丝

思考 1-3：1. 线粒体能提供细胞生命活动需要的能量。鸟类飞翔需要大量能量，所以飞翔鸟类的胸肌细胞中线粒体数目比不飞翔鸟类的多。2. 植物的根尖细胞没有叶绿体因而不能进行光合作用，叶肉细胞中的叶绿体使其能进行光合作用。

任务二

思考 2-1：藓类叶（或菠菜叶等）、黑藻　以保证叶绿体的正常形态，并能悬浮在细胞质基质中　绿色、扁平的球形或椭球形　叶绿体的运动

思考 2-2：细胞质的不断旋转流动，各种细胞器和无机盐、蛋白质、各种酶等物质遍布整个细胞，有利于细胞进行新陈代谢。靠近叶脉处的细胞由于水分充足，代谢更旺盛，因而细胞质流动更快。

任务三

讨论：核糖体→内质网→高尔基体→细胞膜。所需能量主要由线粒体提供。

【建构模型1】提示：可仿照下图制作。

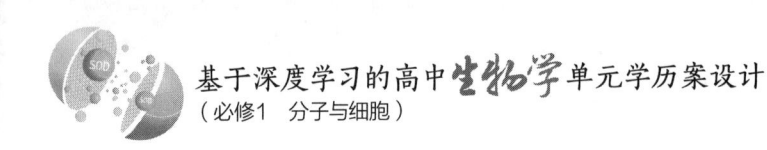

练习：A

（小单元3）【小单元问题解决】胰岛B细胞表面的受体蛋白特异性识别靶向药物→核糖体加快合成胰岛素前体→运输到内质网腔中加工、折叠形成具有一定空间结构的蛋白质→囊泡包裹→融合到高尔基体中，进行修饰、加工形成成熟胰岛素→囊泡包裹→与细胞膜融合→分泌到细胞外。

任务四

【建构模型2】可参考任务三中【建构模型1】的方法制作。

思考4－1：相同点：都是在不同生物膜之间形成一定的联系。不同点：内质网膜与细胞膜、核膜通过直接相连发生联系，高尔基体膜与内质网膜、细胞膜没有直接相连，是通过囊泡实现膜的转化而间接产生联系的。

思考4－2：细胞的生物膜系统由细胞器膜、细胞膜和核膜等结构共同组成。它在细胞的生命活动中的功能：①细胞膜使细胞具有相对稳定的内部环境，且在物质运输、能量转换和信息传递的过程中起着决定性的作用；②广阔的膜面积为多种酶提供了附着位点；③细胞内的生物膜把各种细胞器分隔开，使细胞内能同时进行多种化学反应，而不会互相干扰，保证了生命活动高效、有序地进行。

思考4－3：生物膜系统中各种生物膜通过直接或间接的联系而协调与配合，体现了细胞中部分与整体相统一。各种生物膜形成的通道实现了细胞内部的物质运输，膜上附着的酶参与细胞的代谢反应等体现了细胞的结构与功能相适应。

课后检测

A组题（概念检测）：

1．C 2．A 3．C 4．B 5．B 6．B 7．B 8．D 9．A

10．（1）动物 无细胞壁、叶绿体和液泡，但有中心体 （2）⑨ 内质网 加工 分类 包装 （3）核糖体 蛋白质 （4）线粒体 有氧呼吸 （5）没有叶绿体、液泡、内质网

B组题（应用检测）：

11．（1）细胞膜、内质网、高尔基体 COPⅠ 高尔基体 （2）核糖体 脱水缩合 （3）一定的流动性 专一性（特异性） 促进 （4）不会

12．（1）蛋白质是否有信号序列 没有 （2）内质网、高尔基体和线粒体 分泌蛋白的信号序列在内质网中被剪切掉了 控制物质进出细胞 （3）细胞质基质

分课时14 细胞核的结构和功能

任务一

讨论1：细胞核

讨论2：细胞核

讨论3：细胞核

讨论4：假根

讨论5：细胞核 细胞核

总结：控制细胞的代谢和遗传

任务二

活动2：核膜　2　核内物质　细胞质　染色质　蛋白质　DNA　核仁　核糖体　核孔　物质　信息

练习：A

思考2-1：细胞中的遗传物质DNA主要存在于细胞核的染色质中，而细胞的代谢和遗传主要由DNA控制，因而细胞核是细胞代谢和遗传的控制中心。

任务三

思考3-1：结构方面：细胞核与细胞质以核孔相通，核膜、内质网膜、细胞膜等相互连接成完整的生物膜系统。功能方面：细胞各部分结构分工合作、协调一致地完成各项生命活动。调控方面：细胞核控制着整个细胞的遗传特性和代谢活动。与外界的联系方面：细胞作为相对独立的生命系统与外界环境进行物质交换。

任务四

按照该题后"学习评价"框中"评价标准"进行评价

课后检测

A组题（概念检测）：

1．A　2．B　3．D　4．B　5．C　6．B　7．B　8．B　9．A　10．B

B组题（应用检测）：

11．C

12．②亲核蛋白被放射性标记的尾部　头尾均被标记的完整亲核蛋白　③细胞核　B

第二主题单元学历案

小单元1：生命物质以多种方式进出细胞（分课时1~3）

分课时1　被动运输（一）：细胞的渗透吸水和失水

任务一

思考1-1：漏头管内的液面上升是因为烧杯中的一部分水分子流向了漏斗。

思考1-2：都在向对侧扩散，但从低浓度溶液向高浓度溶液扩散的速率快于反向扩散的速率。

思考1-3：不能发生。两个条件分别是需要半透膜、半透膜两侧具有浓度差。

任务二

讨论1：蒸馏水中、质量分数为9％的氯化钠溶液中的红细胞会发生渗透作用。红细胞的细胞膜。半透膜一侧是细胞内的液体，另一侧是细胞外液。

练习1．生理盐水与血细胞内渗透压相等，可维持细胞正常形态和功能。

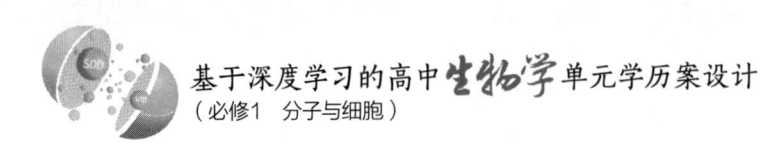

任务三

温故：

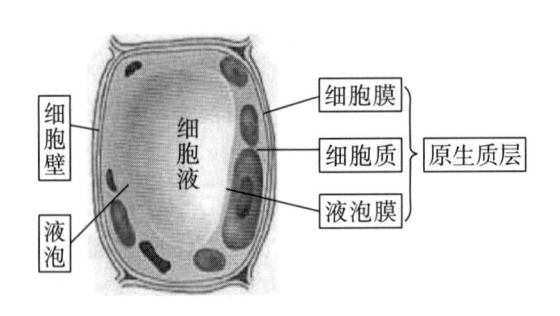

提出问题：原生质层是否相当于一层半透膜

作出假设：原生质层相当于一层半透膜

设计实验方案：

实验思路：（1）失水，发生质壁分离 吸水，发生质壁分离的复原

（2）通过引流的方法使临时装片上材料中的细胞浸润在较高浓度的蔗糖溶液中，或浸润在较低浓度的蔗糖溶液（或清水）中。

（3）在低倍显微镜下观察洋葱鳞片叶表皮细胞。需要用到的材料和器具有光学显微镜、载玻片、盖玻片等。

（4）①小 脱离 基本不变 大 逐渐贴近 基本不变 ②不成立

记录结果：

外界溶液	中央液泡大小	原生质层的位置	细胞大小
蔗糖溶液	逐渐变小	逐渐脱离细胞壁	基本不变
清水	逐渐变大，恢复原来大小	逐渐贴近细胞壁	基本不变

分析结果，得出结论：洋葱鳞片叶表皮细胞在较高浓度的蔗糖溶液中发生了渗透失水，后又在清水中发生了渗透吸水。即原生质层相当于一层半透膜。

讨论2：由于植物细胞膜相当于一层半透膜，当细胞外蔗糖液浓度（0.3 g/mL）高于细胞液浓度时，细胞就通过渗透作用失水使原生质层和细胞壁收缩，而原生质层的伸缩性大于细胞壁的伸缩性，使原生质层脱离细胞壁而发生质壁分离；当细胞液浓度大于外界溶液浓度时，细胞就通过渗透作用重新吸水而发生质壁分离复原。

练习2：①高 ②降低

课后检测：

A组题（概念检测）：

1. A 2. B 3. A

4.（1）质壁分离 （2）A＞B＞C （3）蔗糖溶液 （4）A→B→C （5）C＞B＞A

B组题（应用检测）：

5．D

6．加入营养盐，细胞外液浓度增大，植物因根细胞发生渗透失水而萎蔫。数小时后，根细胞因逐渐吸收营养盐而使细胞内液浓度大于细胞外液浓度，又重新吸水使植物恢复正常。若一次性放入无机营养盐过多，植物可能会失水过多而逐渐死亡。

7．（1）有紫色的大液泡，便于观察到质壁分离现象　可能造成细胞失水过多而死亡　细胞可能不发生质壁分离现象　（2）细胞会发生质壁分离复原现象　处理时间相应延长，实验结果就不准确了　（3）10 min

8．配制系列浓度的蔗糖溶液，将洋葱鳞片叶表皮细胞放在不同浓度的蔗糖溶液中，在显微镜下找出未发生质壁分离的最大浓度和发生质壁分离的最小浓度。测定结果：洋葱鳞片叶表皮细胞液的浓度就介于这两个浓度之间。

分课时2　被动运输（二）：自由扩散和协助扩散

任务一

思考1−1：自由扩散；顺浓度梯度；不需要。

思考1−2：协助扩散；需要转运蛋白，顺浓度梯度运输，不需要细胞代谢产生的能量。

思考1−3：被动运输；顺浓度梯度运输，不需要细胞代谢产生的能量。

任务二

思考2−1：协助扩散需要蛋白质通道或载体，而自由扩散不需要　顺浓度梯度运输，不需要细胞代谢产生的能量

思考2−2：被运输物质的浓度、温度等

练习1：D　练习2：蛋白质

课后检测

A组题（概念检测）：

1．B　2．D　3．D　4．B

B组题（应用检测）：

5．C

6．（1）磷脂分子　氧气和甘油　原生质层　（2）协助扩散　主动运输　是否耗能　（3）低于　大于　（4）流动

分课时3　主动运输与胞吞、胞吐

任务一

思考：需要载体蛋白和细胞代谢产生的能量。这种运输方式叫作主动运输。主动运输的特点是逆浓度梯度运输、需要载体蛋白协助、需要细胞代谢产生的能量。

讨论：主动运输、协助扩散。通过主动运输，细胞可以根据生命活动的需要而选择性吸收所需物质和排出代谢废物。

活动2：

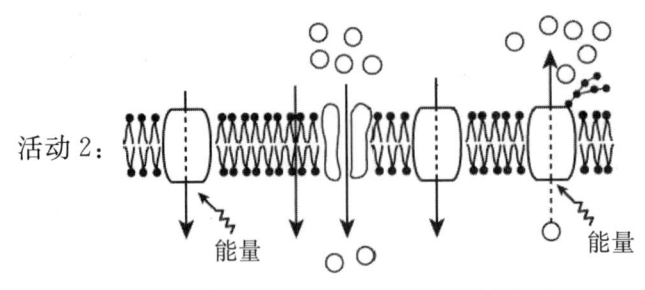

练习1：开发能代替或修复CFTR蛋白的药物

任务二

思考2-1：细胞膜包裹草履虫向内凹陷形成囊泡，囊泡脱离细胞膜进入细胞内。这体现了细胞膜具有流动性。这样的物质运输方式叫作胞吞。

思考2-2：细胞膜与小泡的膜融合，将小泡内的蛋白质释放到细胞外。这种物质运输方式叫作胞吐。

思考2-3：二者都能运输大分子或颗粒物，都需要细胞代谢产生的能量实现细胞膜对大分子物质的运输。它们有利于生物膜的更新，维持细胞的生存与生长。

练习2. 痢疾内变形虫通过胞吐作用分泌蛋白分解酶，溶解人的肠壁组织，再通过胞吞作用"吃掉"肠壁组织细胞而引发阿米巴痢疾。

小单元1总结：自由扩散就是水、CO_2、O_2等小分子、脂溶性物质直接穿过磷脂双分子层的过程；协助扩散就是无机盐、氨基酸等通过贯穿磷脂双分子层的载体蛋白或通道蛋白顺浓度梯度跨膜运输的过程；主动运输就是无机盐、氨基酸等通过贯穿磷脂双分子层的载体蛋白逆浓度梯度跨膜运输的过程；胞吞、胞吐就是细胞借助于细胞膜流动镶嵌模型的流动性来获取或排出大分子、颗粒物的过程。

（小单元1）【小单元问题解决】高粱、小麦等农作物的叶肉组织等细胞通过自由扩散从空气中吸收CO_2；根细胞通过协助扩散或自由扩散从土壤溶液中吸收水分子，通过主动运输（主要）或协助扩散从土壤溶液中吸收无机盐。

课后检测

A组题（概念检测）：

1. B 2. C 3. C 4. D 5. B

B组题（应用检测）：

6. C 7. A

8.（1）主动运输　需要　（2）自由扩散　协助扩散或主动运输　甲　该毒素抑制了Mg^{2+}载体蛋白的活性　（3）脂质（磷脂）　（4）选择透过性　（5）一定的流动性

小单元2：细胞代谢的快速有序依赖于生物催化剂和能量"货币"（分课时4~7）

分课时4　酶的作用和本质

问题思考：在细胞中，葡萄糖所含能量通过呼吸作用释放出来。细胞代谢是指细胞中时刻进行着的许多化学反应。酶在代谢反应中可以降低反应所需的活化能。

任务一

完成表格：

实验步骤		试管编号				实验变量
		1	2	3	4	
步骤一	H_2O_2浓度	3%	3%	3%	3%	无关变量
	剂量	2 mL	2 mL	2 mL	2 mL	
二	反应条件	常温	90℃	$FeCl_3$ 2滴	肝脏研磨液2滴	自变量
结果	产生气泡	不明显	少量	较多	大量	因变量
	卫生香复燃	不复燃	不复燃	变亮	复燃	
结论		1. 加热能加快过氧化氢分解速率。 2. $FeCl_3$（无机催化剂）、过氧化氢酶都能加快过氧化氢的分解速率，但过氧化氢酶具有高效催化作用。				

讨论1：酶具有高效催化作用。

思考1-1：

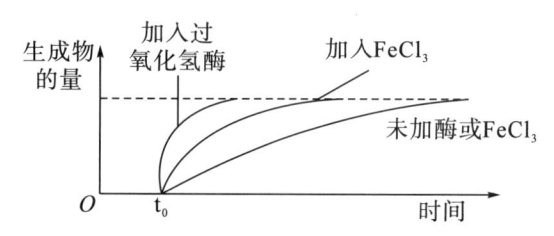

思考1-2：反应物分子需要获取能量而被活化后才能参加化学反应

思考1-3：（1）乙　甲　（2）在无催化剂的条件下反应所需要的活化能　（3）a

【总结概括】酶通过显著降低反应分子的活化能而发挥高效催化作用

任务二

完成图解：

149

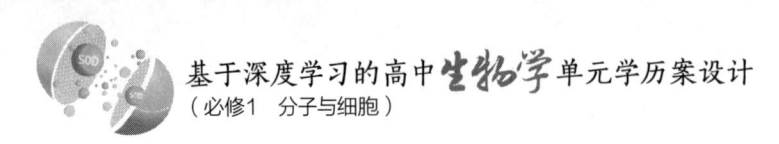

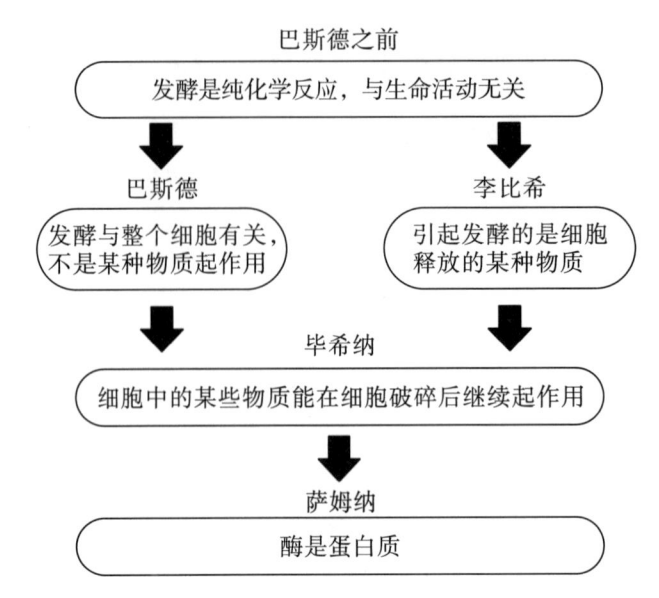

```
                    巴斯德之前
            ┌─────────────────────────┐
            │ 发酵是纯化学反应，与生命活动无关 │
            └─────────────────────────┘
                ↓                ↓
              巴斯德             李比希
        ┌──────────────┐   ┌──────────────┐
        │ 发酵与整个细胞有关，│   │ 引起发酵的是细胞 │
        │ 不是某种物质起作用 │   │ 释放的某种物质  │
        └──────────────┘   └──────────────┘
                ↓                ↓
                     毕希纳
            ┌─────────────────────────┐
            │ 细胞中的某些物质能在细胞破碎后继续起作用 │
            └─────────────────────────┘
                         ↓
                       萨姆纳
                  ┌──────────┐
                  │  酶是蛋白质 │
                  └──────────┘
```

思考：酶是活细胞产生的具有催化效应的物质，大部分酶是蛋白质，少部分酶是RNA

讨论2：提示：科学探究需要持续努力，科学成果的获得需要众多科学家承前启后的探索。

练习：B

课后检测

A组题（概念检测）：

1. B 2. C 3. B 4. D 5. C

B组题（应用检测）：

6. D 7. A

8. （1）酶降低化学反应活化能的作用比无机催化剂更显著　单位时间内淀粉的消耗量（或单位时间内产物的生成量）　（2）抑制　（3）在NaCl溶液浓度为0.10～0.20 mol·L^{-1}的范围内，设置更小浓度梯度的NaCl溶液，测定不同浓度下淀粉酶催化淀粉水解的反应速率

分课时5、6　酶的特性及酶活性的影响因素

任务一

讨论1：酶具有高效性。酶的高效性可以使细胞在短时间内产生大量能量，满足人的快速奔跑所需。

练习1：高效迅速，且在常温下即可进行。

思考1-1：专一性。

思考1-2：指一种酶只能催化一种或一类反应。

【拓展应用】让药物特异性抑制癌细胞的呼吸酶活性，或让药物结合在癌细胞中呼吸酶的底物结合区域。

任务二

讨论 2：胃蛋白酶的活性可能受温度、pH 等环境条件的影响

思考 2-1：酶活性指酶催化特定化学反应的能力。酶活性的大小可用在一定条件下酶所催化某一化学反应的速率来表示，如淀粉酶的活性大小可用单位时间内单位体积中淀粉的减少量或还原糖的增加量来表示。

活动 3：

提出问题：温度变化是否影响酶的活性

作出假设：温度对酶活性有影响（依据：温度变化会影响酶蛋白的空间结构）

设计实验步骤：

(1) 取三支洁净试管编号为 1、2、3，分别注入 2 mL 可溶性淀粉液；另取三支洁净试管编号为 4、5、6，分别注入 1 mL 新鲜的淀粉酶溶液。

(2) 将 1、4 号试管于 0℃，2、5 号试管于 50℃，3、6 号试管于 100℃恒温保温 10 分钟。

(3) 将 1、4 号试管中可溶性淀粉液、淀粉酶混合摇匀后置于 0℃，2、5 号试管中可溶性淀粉液、淀粉酶混合摇匀后置于 50℃，3、6 号试管混合摇匀后置于 100℃恒温箱中，均反应 5 分钟。

(4) 分别用碘液检测三支混合试管中的溶液是否变蓝。

实验结果记录：0℃中的试管变蓝，50℃中的试管不变蓝，100℃中的试管变蓝

实验结论：温度对酶活性有影响。在适宜温度下酶活性最强，温度过低或过高会使酶活性降低或失活

活动 4：

提出问题：pH 变化是否影响酶的活性

作出假设：pH 对酶活性有影响（依据：pH 变化会影响酶蛋白的空间结构）

设计实验步骤：

实验步骤	实验操作内容	试管 1	试管 2	试管 3
一	注入等量过氧化氢酶溶液	2 滴	2 滴	2 滴
二	注入不同 pH 的溶液	1 mL 蒸馏水	1 mL 盐酸	1 mL NaOH 溶液
三	注入等量过氧化氢溶液	2 mL	2 mL	2 mL
四	观察现象			

实验结果记录：

四	观察现象	气泡多	无气泡	无气泡

实验结论：pH 对酶活性有影响。在适宜 pH 下酶活性最强，pH 过高或过低会使酶活性降低或失活。

思考 2-2：(1) 在最适温度下，酶的活性最高。温度偏高或偏低，酶活性都会明显降低。温度过高都会使酶永久失活，0℃左右酶活性很低但不会失活　低　(2) 在最

适 pH 条件下，酶的活性最高。pH 偏高或偏低，酶活性都会明显降低。过酸、过碱都会使酶永久失活

思考 2-3：高效　专一　温和性　酶的高效性、专一性使细胞中许多种化学反应能快速、有序地进行，酶的温和性保证了细胞代谢能在常温常压下进行。

思考 2-4：略。

课后检测

A 组题（巩固学习）：

1．B　2．C　3．B　4．C　5．B　6．C　7．C

B 组题（拓展学习）：

8．D　9．A

10．（1）催化剂种类、过氧化氢溶液的浓度、pH　（2）酶的高效性　（3）O_2 产生速率越快　O_2 产生速率不再随过氧化氢浓度的增大而增大　过氧化氢酶的量有限　（4）E　过酸、过碱会导致酶的空间结构被破坏

分课时 7　细胞的能量"货币"ATP

任务一

思考 1-1：ATP 可以为肌肉收缩直接提供能量，即 ATP 是生命活动的直接能源物质，而葡萄糖不是。

思考 1-2：A—P~P~P　腺苷、磷酸基团、普通磷酸键、高能磷酸键　ATP 比腺嘌呤核糖核苷酸多两个磷酸基团

思考 1-3：末端"~"化学键中的能量。

任务二

思考 2-1：ATP $\xrightarrow{酶}$ ADP+Pi+能量，ADP+Pi+能量 $\xrightarrow{酶}$ ATP。

思考 2-2：由 ADP、Pi 吸收蛙腓肠肌细胞的呼吸作用释放的能量而合成 ATP。反应式为：

$$ADP+Pi+能量 \xrightarrow{酶} ATP$$

动物细胞合成 ATP 的能量来自呼吸作用，植物细胞合成 ATP 的能量来自呼吸作用呼吸作用和光合作用。

分析资料：通过 ATP 不断合成与分解即 ATP 与 ADP 的相互转化来解决。

【建构模型】

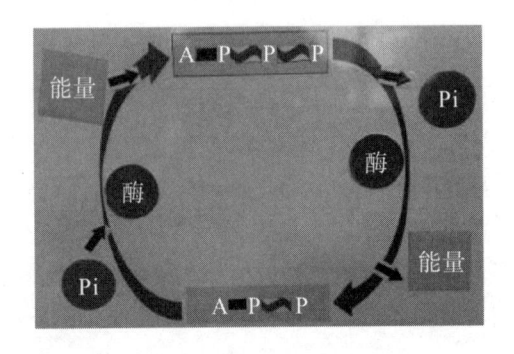

解释模型：该模型展示了ADP、磷酸结合能量合成ATP，ATP又可水解为ADP、磷酸并释放能量供生命活动利用，体现了ADP与ATP的相互转化。

思考2-3：ADP与ATP相互转化处于持续进行的动态平衡状态。这种转化可为生命活动持续而稳定地供能。

任务三

思考3-1：这些过程是吸能反应。吸能反应与ATP的水解相关。呼吸作用与ATP的合成相关。

练习1：C

思考3-2：转化：糖类→呼吸作用→能量→ATP→能量→机械能。ATP充当了能量"中转站"。因为能量通过ATP分子在放能反应与吸能反应之间流通。

活动5：提示：ATP药片用于治疗进行性肌肉萎缩、心肌炎；ATP生物荧光技术可用于食品的微生物污染检测。

（小单元2）【小单元问题解决】高度依赖于具有高效性和专一性的生物催化剂——酶，以及ATP与ADP相互转化的供能机制。

课后检测

A组题（概念检测）：

1. D   2. C   3. D   4. D

B组题（应用检测）：

5. D

6.（1）① 化学　光　②ATP　③葡萄糖　（2）会发出荧光。因为葡萄糖进入发光器细胞中后可被氧化分解产生ATP为发光供能。

小单元3：细胞呼吸和光合作用是细胞最基本的物质代谢和能量代谢（分课时8～13）

分课时8　细胞呼吸（一）：探究酵母菌细胞呼吸的方式

任务一

讨论：酵母菌由一个真核细胞组成，生存于有氧或无氧环境中。它能生存于有氧和无氧环境，可能是因为酵母菌在有氧条件下能进行有氧呼吸，在无氧条件下能进行无氧呼吸。

提出问题：为什么酵母菌在有氧和无氧条件下都能生活，且在无氧条件时会产生酒味

做出假设：酵母菌在有氧时进行有氧呼吸，在无氧时进行无氧呼吸，且两种呼吸方式的产物不一样

设计实验方案：

(1) ①分别向酵母菌培养液中通入氧气和不通入氧气。②用酸性重铬酸钾检测培养液，看是否变成灰黑色。将产生的气体通入澄清石灰水或溴麝香草酚蓝水溶液，看是否使澄清石灰水变浑浊或使溴麝香草酚蓝水溶液是否由蓝变绿再变黄。根据澄清石灰水浑浊程度或溴麝香草酚蓝水溶液由蓝变绿再变黄的快慢来比较产生CO_2的多少。③为酵母

菌提供葡萄糖培养液和适宜的培养温度。

（2）实验方法和步骤：

①取两个相同的锥形瓶编号为甲、乙。

②分别向甲、乙瓶中加入等量葡萄糖溶液和等量酵母菌，均密闭。然后向甲瓶通入经氢氧化钠溶液处理过的空气，乙瓶保持密闭状态。再分别用导管将甲、乙瓶与装有等量澄清石灰水或溴麝香草酚蓝水溶液的锥形瓶相连通。

③将两组装置在相同且适宜条件下培养一段时间。

④观察、比较两组澄清石灰水或溴麝香草酚蓝水溶液的现象变化

⑤分别用酸性重铬酸钾检测甲、乙瓶中是否产生酒精。（还可用温度计检测甲、乙瓶中的温度差异）

记录实验现象（填表）：

观察项目	有氧装置	无氧装置
酸性重铬酸钾检验结果	无灰绿色	灰绿色
澄清石灰水浑浊程度	高	低
溴麝香草酚蓝水溶液变色快慢	快	慢

实验结论：酵母菌在有氧条件下进行有氧呼吸，产生大量 CO_2；在无氧条件下进行无氧呼吸，产生酒精和少量 CO_2

思考1-1：①有无氧气、是否进行相应呼吸作用　②对比实验　无　相互对照　③葡萄糖培养液的浓度和用量、培养温度、酵母菌接种量等　应相同且适宜

【总结概括】葡萄糖＋氧气→CO_2＋水　葡萄糖→CO_2＋酒精

【拓展应用】提示：有些家庭用自己买的干酵母来制作米酒，也有家庭自己制作葡萄酒等

思考1-2：酒曲中酵母菌的数量比较少，在中间挖洞让酵母菌进行有氧呼吸来快速繁殖增加数量　酒精发酵需要无氧条件

课后检测

A组题（概念检测）：

1．B　2．C　3．C

4．（1）NaOH溶液　排除空气中 CO_2 对实验结果的干扰　细胞质基质和线粒体

（2）细胞质基质　有以核膜为界限的细胞核　（3）确保通入 E 瓶的 CO_2 主要是酵母菌无氧呼吸所产生的　（4）由 B 瓶通入 C 瓶的玻璃管应插入 C 瓶液面下，否则不能很好地检测实验结果，应将装置进行如下改正，如图

B组题（应用检测）：

5．（1）①不加石蜡油　②加入10 g活性干酵母　（2）A　（3）去除氧气　自

（4）＞

分课时9　细胞呼吸（二）：细胞呼吸的原理及应用

任务一

讨论1：细胞中分解葡萄糖的场所在细胞质基质。各组间的荧光强弱不同说明各组释放的能量多少不同，C组产生的能量最多，A组产生的能量较少，B组没有产生能量。线粒体不能直接利用葡萄糖。

思考1-1：1葡萄糖 → 2丙酮酸+少量[H]+少量能量

讨论2：细胞中分解丙酮酸的场所在线粒体基质。B组荧光微弱说明丙酮酸在线粒体基质中分解只产少量能量。线粒体膜。

思考1-2：丙酮酸→CO_2+[H]+少量能量

讨论3：是。使[H]氧化的酶。

思考1-3：O_2+[H]→H_2O+大量能量

【建构模型】

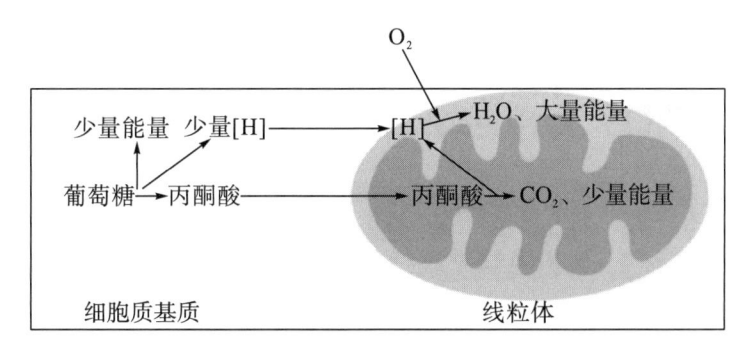

思考1-4：34%　32（计算式：977.28÷30.54）　66%

思考1-5：逐步缓慢释放。这可使有机物中的能量逐步有序地转移到ATP中，进而持续稳定地为生命活动提供能量。

【建构概念】有氧呼吸是指细胞在氧气的参与下，通过多种酶的催化作用，将有机物彻底氧化分解，产生二氧化碳和水，释放能量，生成大量ATP的过程

任务二

思考2-1：细胞质基质　[H]　细胞质基质

【建构总反应式】参见教材94页

$$C_6H_{12}O_6 \xrightarrow{酶} 2C_2H_5OH(酒精)+2CO_2+少量能量$$

$$C_6H_{12}O_6 \xrightarrow{酶} 2C_3H_6O_3(乳酸)+少量能量$$

【拓展应用】苹果内部的果肉细胞因缺氧而进行了产酒精的无氧呼吸、人剧烈运动时肌细胞因缺氧而进行了产乳酸的无氧呼吸。酵母菌、放久了的香蕉、水稻的根细胞在缺氧时会进行产酒精的无氧呼吸，乳酸菌、马铃薯块茎在缺氧时会进行产乳酸的无氧呼

吸。微生物的无氧呼吸叫发酵。

讨论4：无氧呼吸中葡萄糖的氧化分解不彻底，释放能量少。未释放的能量存留于乳酸和酒精中。

思考2-2：列表如下。

		有氧呼吸	无氧呼吸
区别	场所	细胞质基质、线粒体	细胞质基质
	条件	需要氧气	无氧条件
	产物	CO_2、水	CO_2、酒精或乳酸
	能量	释放大量能量	释放少量能量
相同点	过程	第一阶段相同	
	实质	都能分解有机物释放能量	

任务三

问题1．抑制厌氧菌的无氧呼吸，避免其感染伤口

问题2．先通气可让酵母菌大量繁殖，后密封可促进酵母菌产生酒精

问题3．松土促进根的有氧呼吸，有利于主动运输吸收无机盐

问题4．低温、低氧　晒干、低温、低氧　抑制细胞呼吸，减少有机物的消耗

问题5．破伤风芽孢杆菌只能进行无氧呼吸，容易在较深的伤口或被锈钉扎伤的伤口上大量繁殖而患上破伤风

问题6．避免肌细胞进行无氧呼吸产生大量乳酸而引起肌肉酸痛

课后检测

A组题（概念检测）：

1．B　2．B　3．C　4．A　5．B　6．D　7．C

B组题（应用检测）：

8．B

9．（1）酒精和二氧化碳　ABCD　（2）②①　（3）无氧呼吸　$C_6H_{12}O_6 \xrightarrow{酶} 2C_2H_5OH + 2CO_2 + 少量能量$　（4）逐渐减慢　此时无氧呼吸被抑制，有氧呼吸较弱　（5）1∶1　剧烈运动导致供氧不足，骨骼肌细胞进行无氧呼吸产生乳酸

分课时10、11　光合作用与能量转化（一）：捕获光能的色素和叶绿体的结构

【情景引入】叶绿素的作用是进行光合作用。

任务一

思考1-1：（提取原理）绿叶中的色素易溶于有机溶剂，（提取方法）用有机溶剂将色素萃取出来。（分离方法）纸层析法，（分离原理）各种色素在层析液的溶解度不同而随层析液在滤纸条上的扩散速度不同。

思考1-2：无水乙醇用作色素的萃取剂，二氧化硅可使研磨更充分，碳酸钙可防止研磨过程中色素被破坏。

思考1-3：剪去滤纸条的两角是防止色素带扩散不整齐。画滤液细线时应细、齐、直，且多次画线。不让层析液没及滤液线是防止滤液中的色素溶解到层析液中而导致层析失败。

展示或绘制实验结果：叶绿素 a 含量最高，胡萝卜素含量最低。

```
——胡萝卜素
——叶黄素
——叶绿素a
——叶绿素b
```

思考1-4：若绿色过浅，可能因叶片发黄、无水乙醇用量过多或研磨不充分导致；若某些色素带未出现，可能因滤液细线被层析液淹没；若色素带弯曲、重叠，可能是所画滤液细线未达到细、齐、直。

任务二

思考2-1：蓝紫光和红光　蓝紫光　蓝紫光和红光

任务三

讨论：

1. 氧气是叶绿体释放出来的，叶绿体是植物光合作用的场所。

2. 选择水绵作为实验对象，其叶绿体大而呈带状便于观察；用好氧细菌可确定释放氧气的部位；选择没有空气的黑暗环境，可排除外来氧气和光对实验的干扰；用极细的光束照射叶绿体，可与叶绿体上无光照或均匀光照形成对照实验。

3. 因光合色素主要吸收红光和蓝紫光，叶绿体在此波长照射下释放氧气而吸引好氧细菌分布。

4. 叶绿体是光合作用的场所，并能吸收特定波长的光

思考3-1：叶绿体中的色素位于类囊体膜上。类囊体膜和叶绿体基质中都含有光合作用必需的酶；许多类囊体堆叠成基粒，扩展了受光面积，增加了光合酶的附着面积。

课后检测

A组题（巩固学习）：

1. D　2. D　3. C　4. C　5. A

B组题（拓展学习）：

6. B

7.（1）纸层析法　色素在层析液中溶解度的大小　2　（2）吸收光谱　（3）a　层析液　叶绿素 b

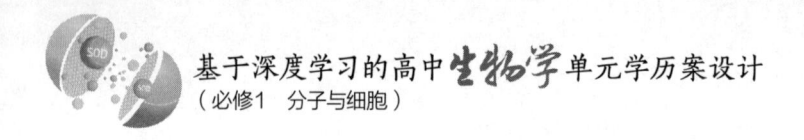

分课时 12 光合作用与能量转化（二）：光合作用的原理

任务一

思考 1-1：否定了光合作用中糖由甲醛缩合而成。

思考 1-2：氧气由叶绿体通过水的光解产生。

思考 1-3：ATP。

讨论：

1. 不能说明。因为不知 O_2 中的氧元素除了来自水是否还来自其他含氧物质。
2. 能说明。因为没有 CO_2 参与就没有糖类的合成，却发生了水的光解。
3. 光合作用产生的氧气中的氧元素全部来自 H_2O，而不是来自 CO_2。
4. 反应式及关系合理即可：

$$H_2O \xrightarrow[\text{叶绿体}]{\text{光照}} O_2 + NADPH + 能量$$

$$ADP + Pi + \downarrow \longrightarrow ATP$$

思考 1-4：$CO_2 \rightarrow C_3 \rightarrow$ 葡萄糖。

【建构概念】叶绿体　二氧化碳和水　有机物（或糖类）　氧气

任务二

思考 2-1：光反应的场所是类囊体薄膜，条件是需要光。发生的物质变化有水的光解、ATP 的合成、NADPH 的合成。也可用以下三个反应式表示：

$$H_2O \xrightarrow[\text{色素}]{\text{光}} O_2 + H^+ + e^-$$

$$NADP^+ + H^+ + 2e^- \xrightarrow{\text{酶}} NADPH$$

$$ADP + Pi + 能量 \xrightarrow{\text{酶}} ATP$$

能量变化：光合色素将吸收的光能转化为储存在 ATP、NADPH 中的化学能。

【建构模型 1】

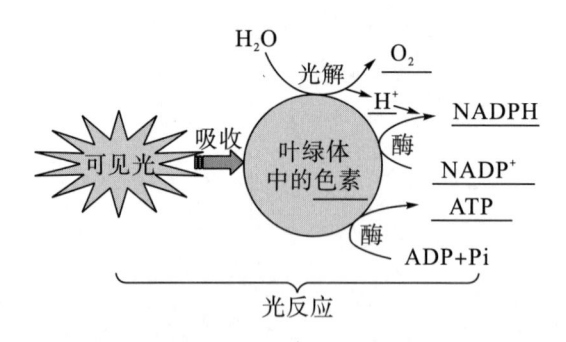

思考 2-2：NADPH 作为活泼的还原剂参与暗反应，NADPH、ATP 将储存的能量供暗反应利用。

思考 2-3：暗反应的场所在叶绿体基质。该阶段的物质变化：CO_2 的固定和 C_3 被还原。也可用以下两个反应式表示：

$$CO_2 + C_5 \xrightarrow{\text{酶}} 2C_3$$

$$2C_3 \xrightarrow[ATP、NADPH]{酶} (CH_2O)+C_5$$

能量变化：C_3 接受 NADPH、ATP 水解释放的能量，经过一系列化学反应后储存在糖类中。

【建构模型 2】

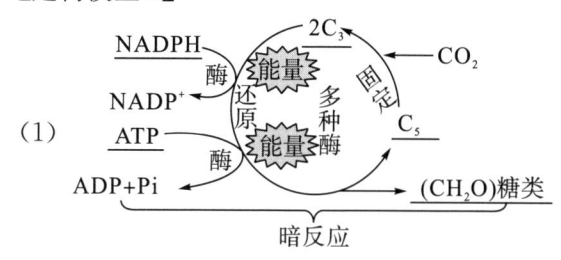

(1)

(2) 参照教材第 103 页图 5-14 填充。

(3) 光反应的 ATP、NADPH 为暗反应提供能量，NADPH 为暗反应提供还原剂；暗反应为光反应提供 $NADP^+$、ADP 和磷酸。

【建构模型 3】

$$CO_2 + H_2O \xrightarrow[叶绿体]{光能} (CH_2O) + O_2$$

思考 2-4：光合作用中物质变化与能量变化密不可分，能量变化的过程伴随物质变化，物质变化又需要能量来驱动。

思考 2-5：光合作用为自然界的植物和异养生物提供有机物，也使光能通过光合作用来驱动生命世界的运转。

【总结与反思】

项目	光反应	暗反应
部位（场所）	叶绿体基粒囊状膜上	叶绿体基质中
条件	光、色素、酶、水	多种酶、[H]、ATP、CO_2
物质变化	①水的光解： $H_2O \xrightarrow{光} 2[H]+1/2 O_2$ ②ATP 的合成： $ADP+Pi+能量 \xrightarrow{酶} ATP$	①CO_2 的固定： $CO_2+C_5 \xrightarrow{酶} 2C_3$ ②C_3 的还原： $2C_3 \xrightarrow[多种酶]{[H]、ATP} (CH_2O)+C_5$
能量转换	光能→ATP 中活跃的化学能	ATP 中活跃的化学能→有机物中稳定的化学能
联系	光反应为暗反应提供了[H]和 ATP，暗反应为光反应提供了 ADP 和 Pi	

课后检测

A 组题（巩固学习）：

1. D 2. D 3. C 4. D

B 组题（拓展学习）：

5.（1）NADPH 水在光下分解 用于 C_3 的还原和提供能量 （2）太阳光能 (CH_2O) （3）C_3 无光时，C_3 还原受阻，C_3 合成仍在进行 （4）C_5 无光时，C_5

159

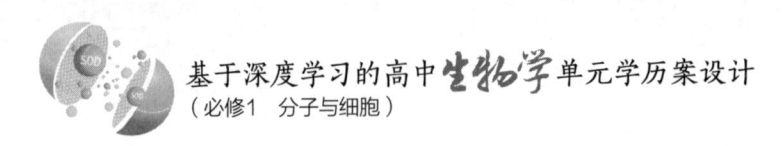

与 CO_2 结合形成 C_3，短时间不受影响，且 C_3 被还原为 C_5 受阻

分课时 13　光合作用与能量转化（三）：光合作用原理的应用

讨论 1：光合作用强度是指植物在单位时间内制造糖类的数量。光合作用强度直接决定农作物的产量。

讨论 2：影响光合作用强度的环境因素主要有温度、光照、CO_2、无机盐等。温度影响光合酶的活性，光照为光合作用提供能量，CO_2 为光合作用提供原料，N、P 等无机盐影响光合酶、ATP、NADPH 的合成。

任务一

讨论 3：该实验的自变量是光照强度，因变量是光合作用强度，主要的无关变量是叶片种类及其生理状态、叶圆片大小、水中的 CO_2 含量（或 $NaHCO_3$ 浓度）、实验温度等。实验中通过改变灯泡功率或照射距离来控制自变量。

讨论 4：用相同功率的灯泡不同距离（或等距离不同功率的灯泡）照射沉入水中的等量叶圆片，观察相同时间后叶圆片浮起的数量（或观察浮起相同数量的叶圆片所需的时间）。

【建构模型 1】

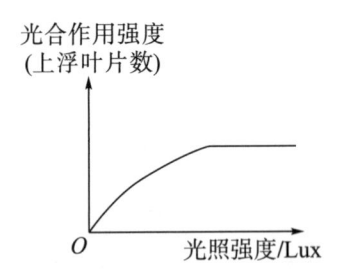

实验结论：在一定光照强度范围内，光合作用强度随光照强度增大而增大，当光照强度达到一定值后光合作用强度不再增加。

任务二

讨论 5：措施 1：冬天用大棚种植蔬菜。增产原因：提高温度从而提高光合作用酶的活性。措施 2：阴天为大棚种植的作物补充光照。增产原因：为作物提供足够的光能增大光合作用强度。措施 3：为大棚蔬菜补充 CO_2（安装 CO_2 发生器）。增产原因：为作物提供足够的光合作用原料。措施 4：为作物增施 N、P、Mg 等无机盐。增产原因：促进光合作用所需的叶绿素、酶、ATP、NADPH 等物质的合成。

任务三

【建构模型 2】

$$2NH_3 + 3O_2 \longrightarrow 2HNO_2 + 2H_2O + 能量$$
$$2HNO_2 + O_2 \longrightarrow 2HNO_3 + 能量$$

$$6CO_2 + 6H_2O \xrightarrow{能量} (CH_2O) + 6O_2$$

讨论 6：都将能 CO_2 和 H_2O 合成有机物。但合成有机物的能量来源不同：化能合成作用的能量来源于无机物氧化产生的化学能，光合作用的能量来源于光能。

（小单元 3）【小单元问题解决】①冬天采用大棚种植作物并升高棚内温度，目的是增强酶的活性从而加快细胞代谢，加快作物生长。②在大棚内安装 CO_2 发生器、阴天补光，促进作物光合作用。③为作物合理施肥，促进作物对无机盐的吸收利用。④适当增加大棚内的昼夜温差，白天有利于作物的光合作用，夜间起降低作物呼吸作用，使作物体内有机物积累量增多。

（第二单元）【单元问题解决】一方面是将酿酒过程产生的酒糟散铺在农田表面，然后翻耕混合，使酒糟被土壤微生物分解后产生无机盐为作物供肥，或将一部分酒糟供给养猪场喂猪，再用猪粪为作物施肥，从而增强作物细胞的光合作用，提高光能利用率，生产出有机粮食（无农药、无化肥、无生长调节剂）。另一方面是将丰产的有机粮食供给酿酒工业，经过酿酒工业中酵母菌的无氧呼吸产生酒精，从而增加产量。

课后检测

A 组题（概念检测）：

1．C 2．B 3．B 4．A

B 组题（应用检测）：

5．C

6．（1）A （2）＝ ＞ 叶绿体基质 类囊体薄膜 （3）A 植物的呼吸速率右移 （4）D （5）低 高 （6）农家肥中的有机物被微生物分解后为农作物提供无机盐、CO_2

第三主题单元学历案

分课时 1、2 细胞的增殖

任务一

思考 1-1：靠细胞数量增多。

思考 1-2：都离不开细胞增殖。这说明细胞增殖是生物体生长发育、繁殖、遗传的基础。

任务二

思考 2-1：细胞周期的起点是一次细胞分裂完成时，终点是下一次细胞分裂完成时。一个细胞周期包括分裂间期和分裂期。分裂间期的作用是完成 DNA 分子的复制和有关蛋白质的合成，同时细胞有适度的增长。

练习 1：a+b 或 c+d 乙→乙

任务三

思考 3-1：ABEF CD BC 1、1、1、2、2、1 1、2、2、2、2、1

活动 4：

1．提示：注意实验操作的规范性。

2．提示：根据观察到的图像，描述有丝分裂各时期图像的主要特征。

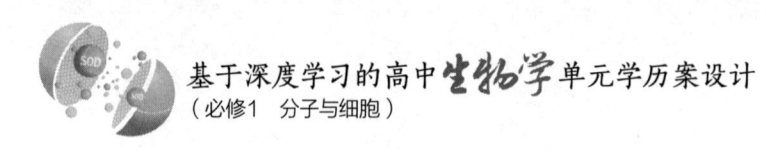

思考3-2：前期：棒状的染色体　姐妹染色单体　核膜　核仁　纺锤丝　纺锤体　中期：着丝粒　赤道板　后期：着丝粒　姐妹染色单体　相同　末期：染色质丝　纺锤体　核膜　核仁　细胞板　细胞壁

练习2：⑤①④②③

练习3：A

任务四

【建构模型1】略。

【建构模型2】

时期	染色体	染色单体	核DNA
亲代细胞	4	0	4
间期	4	0~8	4~8
前期	4	8	8
中期	4	8	8
后期	8	0	8
末期	8	0	8
子细胞	4	0	4

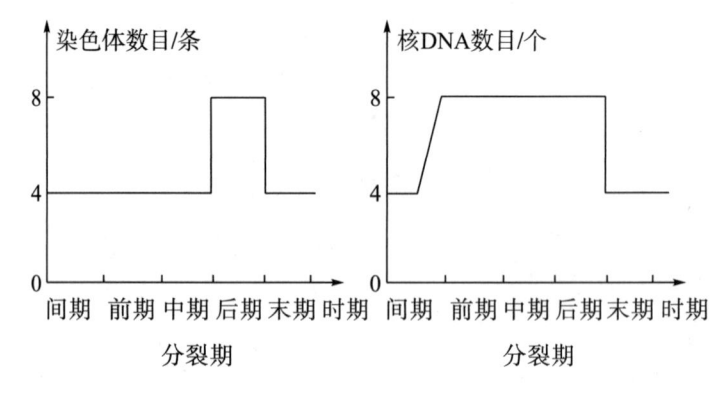

练习4：B

思考4-1：能保持细胞的亲、子代间遗传物质的稳定性

任务五

比较项目	高等植物细胞	动物细胞
间期（有无中心粒复制）	无	有
前期（纺锤体的来源）	从细胞两极发出纺锤丝形成纺锤体	由两组中心粒之间发出星射线形成纺锤体
末期（细胞质的分裂方式）	细胞板向四周扩展形成新的细胞壁	细胞膜向内缢裂成2个子细胞
相同点	1. 染色体行为变化规律一致：间期染色体复制，后期着丝粒分裂并移向两极，使染色体均分到两个子细胞。 2. 核膜核仁在前期消失，末期又重新出现。 3. 纺锤体在前期形成，末期又消失	

练习5：C

课后检测

A组题（概念检测）：

1．C 2．C 3．A 4．D 5．C 6．B 7．B 8．C 9．C 10．C 11．B

12．(1) e→a→b→c→d→e a、b 着丝粒分裂 (2)① 高尔基体 (3)纺锤体 a 核膜 前

B组题（应用检测）：

13．C 14．B 15．B

16．(1) 漂洗→染色→制片 (2) 长 浓度 细胞相互重叠 (3) 不能。因为在解离时，细胞已经死亡，只能通过观察不同细胞所处的不同时期来推测一个细胞在分裂过程中的连续变化。 (4) 红葱，上午10:00左右

分课时3 细胞的分化

任务一

思考1-1：形态、结构、功能 一个或一种细胞增殖产生

【建构概念】形态 结构 功能 稳定性

思考1-2：基因种类相同，蛋白质种类不同。它们均来自同一受精卵的有丝分裂。

思考1-3：细胞分化的直接原因是产生了特定的蛋白质，根本原因是基因的选择性表达。

思考1-4：(1) 细胞分化是个体发育的基础，多细胞生物没有细胞分化就不能发育为个体 (2) 细胞分化使多细胞生物体的细胞趋向专门化而形成不同组织、器官，有利于提高各项生理功能的效率

练习1：D

任务二

讨论1：已经分化的单个植物细胞在离体培养下能够形成完整个体。

讨论2：能。因为高度分化的植物细胞含有该物种的全套基因，仍具有分化成其他各种细胞并产生完整个体的潜能和特性。这一特性叫作细胞的全能性。

讨论3：不能。因为已分化的动物体细胞的细胞核仍具有全能性，但整个动物细胞的全能性受到限制。

练习2：B 练习3：D

任务三

思考3-1：具有分裂、分化能力（或具有自我复制和多向分化潜能） 脐带血干细胞、人体捐献骨髓

讨论4：提示：目前干细胞在临床上的应用领域主要有五个：细胞治疗、系统重建、组织工程、基因治疗以及美容抗衰老。

【小结与反思】

	比较项目	有丝分裂	细胞分化
不同点	细胞数量	增加	不变
	产生的细胞与原细胞形态结构相比	相同	不同
	发生时间	间期	整个生命进程中
相同		遗传信息都<u>不发生改变</u>。	
联系		细胞分裂是细胞分化的<u>基础</u>，二者共同完成多细胞生物体的生长发育。	

课后检测

A组题（概念检测）：

1. C 2. D 3. A 4. A

B组题（应用检测）：

5. B

6.（1）细胞分化　基因的选择性表达　造血干细胞都来自同一个细胞（的有丝分裂）　（2）（游离）核糖体　晚幼红细胞、网织红细胞　（3）分裂前的间期

分课时4　细胞的衰老和死亡

任务一

思考1-1：细胞内的（酪氨酸）酶活性降低　细胞内水分减少，体积变小　细胞内色素（脂褐素）累积　细胞的新陈代谢速率减慢，细胞膜通透性改变，使物质运输功能降低　细胞内呼吸速率减慢

思考1-2：单细胞生物：细胞的衰老或死亡就是个体的衰老或死亡。多细胞生物：细胞的衰老和死亡与个体的衰老和死亡不是一回事。从总体上看，个体衰老的过程也是组成个体的细胞普遍衰老的过程

思考1-3：夏天人在户外做好防晒措施，减少太阳的辐射；均衡饮食，可适当多吃一些富含抗氧化剂的食物，如蔬菜、水果、坚果、茶。

思考1-4：提示：此题具有一定的开放性。若认为可靠，是因为激活端粒酶可使端粒修复延长，使细胞分裂次数增加而延缓衰老。若认为不可靠，是因为正常人体组织中端粒酶的活性被抑制，如果通过外因强行激活该酶的活性，可能会增加患癌症的风险。

思考1-5：如多运动、多用脑、不吸烟、规律作息、保持心情愉悦等。

练习1：D

练习2：B

任务二

思考2-1：人胚胎发育中尾、指间结构的消失，表皮细胞衰老、角质化以后死亡等　皮肤细胞冻伤、烧伤，伤口化脓，骨细胞坏死等

思考2-2：细胞凋亡　不会　细胞坏死　会

思考2-3：

项目	细胞凋亡	细胞坏死
与基因的关系	受凋亡基因控制	不受基因控制
死亡原因	基因控制	不利因素影响
死亡过程	主动的	被动的
对机体的影响	对机体有利	对机体有害

练习3：A

【第三主题单元总结与反思】

1. 细胞的增殖和分化是人体生长、发育、繁殖的基础。细胞的衰老和凋亡是人体正常的生命现象，当体内细胞普遍衰老时人体也逐渐衰老直至最终死亡。如果人在某一时段，体内的某些细胞异常增殖或大量坏死、受损都可能引起疾病甚至危及生命。因此，人体的生老病死与细胞的生命历程密切相关。

2. 是。通过对细胞的生命历程的学习，使我们正确理解了生命系统的发展变化规律，生与死是生命的自然现象，重要的是要看到生命存在的可贵，进而热爱生活，珍爱生命，追求健康生活方式，树立正确的人生观，更好地实现生命的价值。

（第三主题单元）**【单元问题解决】**

1. 植入的骨髓中的造血干细胞通过有丝分裂产生了大量的造血干细胞，其中，一些造血干细胞经过细胞分化形成正常的血细胞、免疫细胞，一些造血干细胞继续保持分裂、分化能力而延续造血功能，从而治愈白血病。

2. 输入健康血液的方法只能暂时缓解白血病人的病情，不能根治白血病。因为输入的健康血液中血细胞、免疫细胞在存活一段时间后都会逐渐衰老和死亡，只有骨髓中的造血干细胞才能让患者恢复和延续造血功能。

课后检测

A组题（概念检测）：

1. A　2. B　3. B　4. B　5. D　6. C

B组题（应用检测）：

7. D

8. （1）减弱　（2）细胞分裂次数与物种有关，一般寿命越长的物种，体细胞分裂的次数越多　（3）细胞核是决定细胞衰老的重要因素　（4）生物的年龄、物种和细胞核

v